沟通的艺术

说话心理学

谢 普 编著

吉林出版集团股份有限公司 | 全国百佳图书出版单位

版权所有　侵权必究

图书在版编目（CIP）数据

说话心理学 / 谢普编著 . -- 长春：吉林出版集团股份有限公司 , 2020.6

（沟通的艺术）

ISBN 978-7-5581-8646-2

Ⅰ . ①说… Ⅱ . ①谢… Ⅲ . ①心理交往 - 语言艺术 - 通俗读物 Ⅳ . ① C912.13-49

中国版本图书馆 CIP 数据核字（2020）第 091269 号

前　言

在当下，说话和表达能力在人际交往中日渐被重视，一个人只有把话说好，才有好人缘。

说好话是一门学问，是一种智慧，更是一种生活态度的体现。古人云："一言兴邦，一言丧邦。"而在当代社会，同样也有"一句话可以让人笑，一句话也可让人跳"。这些名言表达的正是说话在我们的人际交往中的重要作用。会说话的人，在人际交往中左右逢源、如鱼得水，而不会说话的人，在人际交往中左右受限、寸步难行。

学过历史的人都知道，春秋战国时期，社会极其动荡不安，各诸侯国之间为了各自的利益，不断攻伐，战事频仍。然而乱世出英才，这个时候涌现出了不少以雄辩闻名的外交家、纵横家，他们用那三寸不烂之舌，周旋于列国之间，挽狂澜于既倒，弭战事于无形。他们用自己的"言论"报效国家，令人敬佩。这让人不禁想起那句："一言之辩，重于九鼎之宝;三寸之舌,强于百万之师。"

我们天天说话聊天,不见得就能熟能生巧,个个练出好口才。朱自清在《说话》一文中说:"人生不外言动,除了动就只有言,所谓人情世故,一半儿是在说话里。"朱自清夸张了吗?并没有。毫无疑问,口才高手会比别人赢得更好的人缘与更多的机会。他们一开口,世界就是他们的。

社交、面试、辞职、道歉、见客户,甚至安抚朋友,都需要你懂得沟通的艺术。本书通过"所谓情商高就是会说话""回话的艺术""跟任何人都聊得来""别输在不会表达上""说话心理学"五个角度,破解阻碍沟通的隐形密码,让每一次对话都直抵问题核心;精巧布置的说服模式,让对方在不知不觉中被你说服。本书就是这样的社交沟通经典读物,它能教会你在不同的时间、地点、场合,对不同的人说出得体的话语,让你的人生从此顺遂很多。

目 录

第一章 洞悉心理，破解对方隐藏的信息

每个人的肢体都会"说话" ……………………… 2
不经意的动作最能表达心声 …………………… 7
小动作暴露了他的"企图" …………………… 11
站姿也能表达"问题" ………………………… 14
对方是昂首阔步的人吗 ………………………… 18
摇头未必就是说"不" ………………………… 21
从双臂交叉的行为看个性 ……………………… 25
从坐姿解读一个人的内心 ……………………… 27

第二章 了解对方需求，消除抵触心理

了解别人的心理需求 …………………………… 32
选好话题的切入点 ……………………………… 36

多与对方产生情感共鸣 …………………………… 42
迎合对方的兴趣说话 ……………………………… 46
尽量认同对方的观点 ……………………………… 51
换位思考,将你心换我心 ………………………… 56
多从对方的角度考虑问题 ………………………… 59

第三章 掌握说话技巧,快速获得认同

学会巧妙地运用反语 ……………………………… 66
不妨虚心向别人请教 ……………………………… 70
开玩笑不要失去分寸 ……………………………… 75
说对方能听得懂的话 ……………………………… 79
把该说的话说到位 ………………………………… 84
恶语相加不如好言相劝 …………………………… 89
话不能说得过于绝对 ……………………………… 93

第四章 会高情商表达,让你在人际交往中左右逢源

随便指责是愚蠢的行为 …………………………… 98
化被动为主动应对嘲笑 …………………………… 102
理智回敬蛮横无理的人 …………………………… 107
暴跳如雷,你完蛋了 ……………………………… 112
冷静化解对方的敌意 ……………………………… 116

不要担心别人的反驳 …………………………… 121
生气时，要控制住嘴巴 …………………………… 125
遇事不能太计较 …………………………… 129
和人抬杠，输赢都会吃亏 …………………………… 134
玩笑开大了也会伤感情 …………………………… 138
不要在言语和行为上得罪人 …………………………… 140
一味争高下得不偿失 …………………………… 144
不要随便打断别人的谈话 …………………………… 147

第一章
洞悉心理，破解对方隐藏的信息

一个人要向外界传达完整的信息，单纯的语言成分只占7%，声调占38%，另外的55%信息都需要由非语言的体态来传达，微动作通常是一个人下意识的举动，所以，它很少具有欺骗性。所以，我们从微动作就能观察到一个人的真实意图。

每个人的肢体都会"说话"

实验证明，一个人向外界传递信息时，只有8%是通过语言传递的，另外的37%是通过声调、语气这些来表达，剩余的55%是通过肢体语言等信息来传达的。在传达信息时，肢体语言是人们下意识的举动。姿势是无声的语言，人们的肢体语言大都是无意识中显现出来的，但是从这些肢体语言中，却能读出人的心理活动。

肢体语言是人们内心活动的一种反映。不同的语言表示着不同的信息。要想了解一个人的内心，不妨读懂肢体语言，这对了解一个人的内心是很有帮助的。

随着时间不经意的流逝，焦阿美觉得结婚就像一道美味的佳肴，吃得久了，便也吃不出什么味道来了，焦阿美开始厌烦这样的生活。在这个时候，她遇到了一个男人，较之于丈夫的寡味，她看到了一个除丈夫之外全新的世界，她为自己能拥有这个世界而心动不已。

焦阿美终于下定决心，和不懂风情的丈夫离婚，和自己心爱的男人结婚。

可是，新的婚姻并没有给焦阿美带来长久的幸福，她很难相信，这个男人是个十足的坏蛋，不仅在外拈花惹草，还动不动施以家庭暴力。半年不到，她已经受够了欺辱。

这天，焦阿美又被打得遍体鳞伤，她顾不得漫天大雪逃了出来，无助的她只能求救于那个寡味的前夫。

前夫把她接到家中，看到她被打成的样子，两个人只是坐在客厅的沙发上长时间沉默。沉默中，她拿出随身的小剪刀开始修理指甲。或许这把小剪刀用的时间长了，有些钝，不大好使。

"你把茶几上的那把新剪刀递给我用用，这把旧的不好使了。"她说。

前夫微欠起身子把剪刀拿在手里，转身递给了她。她突然大哭起来，就在前夫给她递来剪刀的时候。

她想起了半年前，她去见那个男人。两个人坐在客厅里开心地聊。

"吃个苹果吧。"男人献殷情，在给她削苹果。

看到男人笨拙的样子，她说："我来吧。"

男人把刀递给了她，可是，就在她接过刀的时候，她的手指碰到了锋利的刀上，手被划破了一个小小的口子，血流了出来。

男人表示很歉意、很心疼的样子。她心里觉得很温暖。

就在那一天,她背叛了自己的丈夫。

今天,前夫在递剪刀给她的时候,刀柄冲着自己,刀尖是冲向他的。而那一天,那个男人是将刀柄冲着自己,刀尖是冲向她的。

"你怎么这样递剪刀呢?"她问。

"我一直都是这样递剪刀给你的,"前夫说,"你总是那么大大咧咧,刀尖要是冲着你,你随手一接,还不把手给划破了。"

"是吗,我以前怎么没注意到?"她说,心蓦然像被什么东西狠刺了一下。

"或许是太平常了吧……"前夫微扬起头故作轻松地笑,但最终还是低下头去。

时间仿佛凝固在了这一刻,她止不住泪如泉涌。是的,前夫一直是这么爱她的,前夫给予她的一直是刀柄之爱,不让她受到任何伤害。

递刀的方式不同,男人对她的态度也有所不同。人的肢体会"说话",可以反映真实情况。焦阿美要是早些注意两个男人的行为细节,或许就不会犯下这辈子难以弥补的错误。的确,不管一个人如何会说,他的身体不会说谎。所以,在解读他人心意的时候，不要只听对方说了些什么，更要紧的是应有意识地观察对方的肢体语言，才能够较为准确地洞悉其内心。

聪明人应该注意人的肢体语言，从中解读人的内心世界。那么，该怎么看人的肢体语言呢？其实，解读人的肢体语言并不难，比如，人眉头皱起，目光专注，可能表示不悦、不赞成或者是表示关注、思索；紧紧地抿住嘴唇，往往表现出意志坚决。如果紧抿嘴唇，且避免接触他人的目光，可能表明他心中有某种秘密，此时不想透露。嘴唇常不自觉地张着，呈现出倦怠疏懒的模样，说明他可能对自己所处的环境感到厌烦。手臂交叉放在胸前，有时是因为觉得很冷，有时是因为过分地紧张，但也可以理解为"你所说的事情对我产生一种莫名其妙的威胁，使我拒绝再继续听下去"。人在说谎的时候总是不自觉地做出一些小动作来掩饰自己内心的不安，比如，如果一个同你谈话的人，常伴有掩嘴的手势，说明他也许正在说谎话。

另外，"出门观天色，进门看脸色"，面部表情是人类情绪变化的晴雨表。在与人交往时，万不可对别人脸上的表情视而不见，而应该多注意观察对方的表情变化，以快速地获悉对方的心理状况与情绪变化。

我们不要只听人说了些什么，更要紧的是要学会"破译"别人的肢体语言，才能够巧妙回应，打动对方。最后，需要提醒的是，由于任何一种肢体语言都可能有多种意味，因此，在"破译"他人的肢体语言时应综合地去理解，才能够较为准确地洞悉一个人的真实意图和内心世界。

不经意的动作最能表达心声

往往一些不经意间所做出的肢体行为也为我们传达着某些真实的信息!

不经意的动作经常容易被我们所忽视,被我们认为是很普通的动作,没有什么可以值得研究分析的。很多不经意的动作里面包含着很多不为人知的真实信息。日常生活中,具有以下动作的人需要我们去注意:

爱边说边笑的人:

这种人与你交流时你会感到气氛十分的轻松愉快。他们阳光、有朝气、性格开朗,对生活从不苛求,他们懂得"知足常乐",富有人情味。他们感情专一,对感情格外珍惜。他们的人缘、口碑都不错,喜爱平静的生活。

爱掰手指节的人:

这种人总是有意无意地把自己的手指掰得很响。他们精力较常人来说旺盛一些,和很多人都能谈得来,但喜欢钻

"牛角尖"。对事物较挑剔，对于自己喜欢做的事情，会不遗余力地实干。

爱腿脚抖动的人：

这种人总是无意识地通过脚或脚尖使整个腿部抖动；他们很自私，很少为他人考虑，凡事功利性很强，做人也小气，对自己的认识却很清楚。他们勤于思考，能发现很多有建设性意义的观点。

爱拍打头部的人：

这个动作通常是表示懊悔和自我谴责。他们待人苛刻，但对于事业高瞻远瞩。这种人心直口快，也容易得罪人，为人真诚，有同情心，爱帮助他人，但经常祸从口出，守不住秘密。

爱摆弄饰物的人：

当然，这种人一般多为女性！其性格比较内向，对于感情封闭得很严实。她们的另一个特点是心思缜密、做事认真踏实！

爱耸肩摊手的人：

这种动作表示了无所谓的意思。为人热情积极、真切诚恳，富有想象力、创造力，喜欢享受生活，心胸开阔，努力追求幸福，渴望生活在和睦、舒畅的环境中。

一个爱抹嘴捏鼻的人：

习惯于抹嘴捏鼻的人，喜欢与别人开玩笑，却不是一个勇于担当的人，沉溺于哗众取宠。这种人喜爱被人支配，渴望有所依赖，行事犹豫不决，不懂得抓住机会，选择时常拿不定主意。

在心理学上我们以拥抱这个动作为例来进行探究。拥抱除了我们所熟知的表示亲密以外，也被用来治疗某些具有心理障碍的人。心理学家们认为拥抱是对精神的一种鼓励，长期不与人拥抱，人会变得渐渐孤独、越来越冷漠，甚至漠视一切！

西方人认为：一个长时间不被他人予以拥抱的人，注定是孤独的；而一个长时间不去拥抱他人的人，是冷酷的，其感情是干涸的。拥抱是人类行为、语言、精神沟通的本能需求，对人有益无害。美国著名心理学家赫洛德·傅斯博士曾说过："拥抱是人类最美妙的姿态，它能够消除失落、沮丧，使人体免疫系统的效能有机提高；还可以驱逐疲倦，注入新能量，让人变得更加年轻。在家庭中，拥抱将可以增进家人之间的关系，以此来大大地减少相互之间的摩擦。"

然而在中国，很多人受传统文化的影响，和家人之间几乎不拥抱。中国香港艺人张学友在参加《艺术人生》时提到，他的母亲不仅是自己生活的导师，更是自己心灵的避风港；然而他在四十岁时才第一次拥抱母亲，并且为此而考虑了一个月。他个人觉得十分遗憾！毕竟，这个拥抱来得太晚了。

　　肢体语言无疑是人类的第二语言。其通过一定的行为可以传递较为明确的信息，传达一种心理行为的状态。

小动作暴露了他的"企图"

我们自己在日常生活中可能会经常讲一些谎话，做一些掩饰性的动作，但是我们不喜欢别人对自己撒谎，也不喜欢他们对自己掩饰太多，多数人都有这种心理。倒不能因为这一点，就说所有人都是自私的，因为人在面对另外一个人的时候，尤其是陌生人，他会本能地想保护自己。越是年龄大的人，这种感觉就会越强烈，而保护自己的方式就是尽量多地隐瞒自己的实际情况，隐藏自己的内心。

如果别人看不到自己的内心，安全感就会很强。每个人都有一套自我保护体系，每个人的方式可能会有所不同，但差别不会很大。这单单是指说谎这一个层面。内心的情绪波动不光说谎这一项。还有很多，比如害怕、骄傲、吃惊、怨恨、忧伤、高兴等。

每种情绪都体现在了人的微表情中。每一种微表情的背后也都有它的"故事"。我们可以尽可能地控制自己的情绪，但不可能没有情绪。有了情绪，就会有外在的表现。不管他的社会阅历多么丰富，练成了什么"盖世神功"，总归还是会有微表情。

我们在和别人谈话的过程中总是能碰到一些人，他在和你谈话的时候，不是碰碰这，就是摸摸那，要么是看看桌子上的杂志封面，要么用手指轻轻地敲击桌面，或者是玩弄一个很无聊的东西，比如一支圆珠笔，都是一些小动作，你也看不到他有起身去做什么事情的迹象，但是就不能安心地听你讲话。对你而言，这是一个需要结束谈话的信号。

他之所以会有这些看似不经意的动作，就是因为他对你的谈话内容一点兴趣都没有；也或者是这个时候，他正烦着呢，之所以招待你了，是因为礼貌，他必须要这样做。所以，如果你还有下一次的会谈最好能趁他一开始有这些小动作的时候就提出告辞。

对于一个人的内心活动，会比较明显地表现在他平时的日常行为习惯上。比如说看报纸。这是很常见的一个现象，非常普遍。但不同的人看报纸的方式却是不一样的。一类人是这边买过来，那边就迫不及待地打开来看；与此相反的是另一类人将报纸买回来以后并不急于打开来，而是将它先放下来，干自己手头的事情，等到其他事情都干完了，才会慢慢地阅读这份报纸。

第一类人多数外向，雷厉风行，想到什么就开始着手，先干后想，所以这类人干劲虽强，但都草率；他们是积极乐观的一类人，对生活不能说有很多的美好想象，但不是悲观失望者。他们身体很好，精力充沛，是那种看上去就觉得精神头很足的人。他们一般比较简单，脑子里也没有太复杂的东西，高兴还是伤心，看一眼就知道了，所有的心事都写在脸上了。他们的交际能力很好，这是他们的一大优势，也就是因为这个优势，让他们能得到很多人的喜欢。

第二类人，也就是那种将报纸先放在一边，干完自己的活才会打开来看的人，他们一般性格较为内向，最突出的特点就是话很少。不像是第一类人很善于交际，他们不喜欢与太多的人来往。比起很多人在一起开个派对，他们则更愿意待在家里。所以他们的人际关系就处理得差强人意了。这类人的思想非常独立，他们很少能受别人的影响，很有主见，所以他们是那种不鸣则已、一鸣惊人的类型。他们很现实，不会冒出一些不切实际的空想，做事非常认真，只要是自己做的事情，一般都会尽全力做好。他们对待别人不是很热情，但是自己能够和自己交流，并自得其乐。

站姿也能表达"问题"

仔细观察周边的人,你会发现每个人的站立姿态都有他们自己的特点。这个特点就像是一个人的外号一样,虽然这个外号不是他本来的名字,但已经和这个人有了深度关联,成了代表他的另外一个符号。

这种比较特殊的站姿是经过长久的习惯养成的一种自己都不知道的行为方式。美国夏威夷大学的心理学教授说,这些站姿和这个人的性格有一些非常紧密的联系。通过解读这些站姿,就能对性格做深度的剖析和挖掘。

将两只手或者是一只手放于臀部站立。这种人最典型的特征是顽固不化。而且这种性格将会伴随他们的一生,很难改变。他们非常固执,对事情的看法很主观。他们不是客观的就事论事的类型。如果碰到不同意见,他们通常会说"反正我是这么看的"。他们做事很稳重,绝对不会轻易做出任何决定,一旦做出决定,必定是经过深思熟虑的。他们自主意识很强，有很好的操控能力，有驾驭全局的本领。

习惯性将两只手放到口袋里站立。他们属于内向型性格的人，很保守。你很少能听见他们吐露自己的心声，哪怕是最要好的朋友也不例外。不过这类人一般城府很深，很难猜得到他们到底在想什么。多疑是这类人的一张名片。就像是《三国演义》里的司马懿一样。他们做事讲究的是步步为营，稳扎稳打，而不是冒险求胜。他们的警觉性高于普通人很多，所以，如果你想骗这类人还是小心为好，说不定他早已经将你的心计看得一清二楚了。

两手叉腰站立。这是很典型的一种站立姿势，这类人总是能给我们留下深刻的印象，他们开放、外向、自信，对自己有非常高的评价。同时这个姿势也表明，他们对自己目前所处的环境感到很安全、舒适，或者说他们对面临的问题有绝对的信心，不然是不会摆出这个姿势的。

气宇轩昂地站立。看上去就很有气势，双目平视远方，脊背挺得直直的。这种站立姿势的人很开朗，外向型性格，非常有自信。他们看上去给人的感觉似乎永远都那么开心、快乐。

佝偻着背站立。这种姿势多见于上了一定年纪的人，一般三十岁以前的人很少有这种站立姿势。这是一种防卫性很强的姿势，说明此时他缺乏安全感，没有信心，很封闭，此时的生活态度也比较消极，似乎惶惶不可终日，可能是生活的压力太大，也可能是面临着重大的精神压力。

两条腿交叉站立。这是一种轻微拒绝对方的表现。出现这种站姿说明对方在这个时候对你的态度是有所保留的，并没有完全对你放开，所以此时如果想得到对方的认可或者是想进一步交流，那么就要想办法先让对方认可你、接受你。不过这种姿势也说明此时他缺乏自信，也可能是很拘束，对自己所处的环境并不是很习惯。

背着手站立。这种站姿的人有一种典型的"领导者"心态。他很想以一个领导人的姿态出现在众人的面前，很有自信心，对自己的成就（不一定是功成名就，一些小的成就也算）感到很满意。如果某人在一定的场合中背着手站着，就说明这时，他的居高临下的心态很严重，也可能他就是这个场合的主角。

靠着墙站立。有这种习惯的人并不是很常见，如果见到一个人很习惯这样站着，那么这个人很可能是生活非常不得意。要么是到处碰壁，要么是自己的目标很少有能达成的时候。在生活中，他们一直是失意者，自己也觉得很少有人像他们一样。他们一般很诚实，很坦白，对人没有太多的防卫，很容易接近，也很容易接受别人。

有的人站在那里一直不断地改变自己的站姿，并不是因为自己很累，就是一种长期以来的习惯。这种人的性格特点鲜明，脾气暴躁。这类人一般生活中压力较大，经常会有身心俱疲的感觉。他们很喜欢接受挑战，但经常改变自己的一贯想法。

一个人的性格体现在不同的方面，穿衣打扮，吃饭走路都有一定的讲究，经常研究，仔细琢磨，就会发现每个人都有与众不同之处，从独特的微表情来解读对方的内心世界。

对方是昂首阔步的人吗

从一个人的走路姿势,可以比较准确地看到此时他的心理状况,是高兴,还是抑郁,他的生活状态是快乐的还是压抑的,他是个懒惰的人还是勤快的人。他心情不好时,垂头丧气,迈着沉重的步子,而兴高采烈的时候,步履轻松,节奏加快。每种不同的走路姿势背后一定在讲述一个人不同的心情故事。

疾行。这是很不常见的一种走路姿势。一般如果不遇到很重大的事情,我们是不会走出这种"疾"的感觉来的。此时这类人内心比较紧张,但并不绝望,认为事情尚有缓转的余地,还没有到山穷水尽的时候。虽然走路很"疾",但他们绝不会透露出慌张的感觉来。此时他们的脚步显得很沉重,这是控制自己内心的一种压抑表现。这种走路方式一般多见于男性,女性很少能见到这样的走路方式。如果有,说明此人事业心很强,很有魄力,不是贤妻良母的类型,但能在单位独当一面。

急行。和上面的那种走路方式相对应。这种走法一般多见于女性。这种走法的典型特征是小碎步向前走。如果男性是这种走法,性格里阴柔的一面比较浓厚,程度严重的可能会有"娘"的感觉,或者是很内向,性格孤僻,不大愿意理睬别人。有这种走法的人也是心里不安的一种表现,很焦虑,而且走路不是沿着直线走,时不时会在不经意间改变方向。有这种表现的人一般很难做决定,经常犹豫不决,在一些需要决断的问题上时时下不了决心。

慌张地走。这是一种走路的姿势,并不是说这个人此时就很慌张。乍一看像是小偷被警察盯上了,所以走路显得慌慌张张的,但如果是经常看见他走路,就会发现,其实他一直这样。这种姿势走路的人活力充沛,每时每刻都充满了干劲儿,对于生活中的挑战从不畏惧,之所以不害怕挑战,是因为他们对自己有很强大的自信,相信自己能非常完美地解决生活中的任何问题。他们做事讲求效率,拖泥带水的事情不是他们能干得出来的。

走路像是在慢跑。这类人是非常典型的现实主义者,不但自己现实,还会嘲笑那些有"梦想"的人。他们是万事以稳为主,所以好高骛远的毛病他们是不会犯的,他们经常挂在嘴边的一句话就是"三思而后行",只要是做决定的事,就要琢磨很长时间,可以不做,但不可以犯错。所以他们一般能很好地完成自己的事情，把所有问题都处理得比较不错，但他们的创新精神很差，一味求稳的心理对于更远的发展阻碍很大。他们绝对不会轻易相信任何一个人。如果你骗了他，结果可能不大妙，很可能他会记恨你一辈子。

昂首阔步。这也是性格特点很明显的一类人，平时给人的感觉充满自信，很有活力，精神十足，只要你看见他，就会受到感染，这也是他们所希望发生的事情，因为他们总是在想办法让自己与众不同，给人留下较为深刻的印象，从而让别人记住自己。

大摇大摆。这类人最明显的特征是对自己目前的生活状态有十二分满意，也是自信的一种表现。这种走路方式的人非常喜欢自夸，而且在自夸的时候，需要有人附和，如果有人提出不同意见，对他的打击是很大的。因为他们的内心非常自满，认为自己无所不知、无所不晓，眼里很少有能看得见别人的时候，所以有人提出异议，这本身就是对他的一种否定。

闲庭信步，类似日常散步。这种悠闲、缓慢的步调表现为两种形式。一种是散步般的慢行，另一种就是懒散的无所事事的徘徊。前一种比较安逸，没有不安，轻松自然，内心也平静，步伐舒缓而有节奏。后一种不同，懒散者是无所事事的游荡，没有目的，没有思路，可能是原地打转，毫无章法，这类人多数游手好闲，不求上进。

摇头未必就是说"不"

日常生活中,点头与摇头这两个动作,一般来说点头是表示肯定的意思,摇头是表示否定的意思。但介于文化不同、地域不同,会有差别。

例如,保加利亚人在表示肯定时是左右摇头,否定时则是点头。点头除表示"是"之外,有时也是向对方表示"我正在认真倾听你的说话"。若是频频点头,为了表示礼貌,实际上对说话的内容不感兴趣。这个动作实际上表示对方对你的谈话主题不感兴趣。如果你此时还继续你原来的话题,对方就会频繁地变换动作,表示不耐烦了。

有时,摇头表示一种否定,这种否定可以是针对他人,也可以是针对自己的。然而,否定并不代表一切已经结束。也许它正是希望的开始!

看到摇头的动作,人们很自然就会觉得那是拒绝、否定的意思。其实,这种理解很片面。

昨天，小李遇见了上次在饭局上结识的王老板，王老板问道："小李，你不是说要找我帮忙，怎么一直也没见你来呢？我可是一直在等着你的出现呢！"

听他这么一说，小李不知道王老板葫芦里到底卖的是什么药，上次他在向王老板提及让其帮忙的事时，明明看见王老板冲他摇了摇头，怎么这次又主动提出要帮自己的忙，这到底是怎么回事？难道王老板是在说客套话？但看他一脸真诚的样子，又不像是在敷衍自己。

他疑惑不解地问了王老板一句："王老板，我想问一下，您是真的想帮我的忙吗？"

被他这么一问，对方显然不高兴了，脸色阴沉地回答道："你看你这小伙子，我这么大个人了说话还能不算话？我是确实想帮帮你们这些有志气的年轻人啊！"

小李听到这里，索性想把事情弄个明白，就又问了句："那我上次和您商量帮忙的事情时，怎么见您冲我直摇头啊？我还以为您是在拒绝我，只不过没有口头上说出来而已，所以，我就知难而退，没有再去找过您。您当时难道不是在拒绝我吗？"

王老板终于弄明白是怎么回事了，只听他大笑着说："你不知道，摇头是我的习惯性动作，我不光在拒绝的时候摇头，有时候，我希望别人继续讲话时也会摇头，吃到好吃的东西时也会摇头。这么看来,你这个小伙子是不懂心理学了,你可以翻翻心理学方面的书籍,那上面对摇头的含义做出了不同的解释。相信看过之后你就不会再简单地来看待我的摇头动作了。"

小李终于明白了,原来是他理解错了王老板的意思,这一错不要紧,白白地耽误了他这么长时间,不然,他恐怕早就得到王老板的帮助,渡过难关了。

要不是小李一味地将"摇头"当成是拒绝的意思,要是当初小李能多了解点心理学方面的知识,恐怕就不会对王老板的摇头动作做出主观臆断,认为是拒绝自己的意思,也就不会把自己的计划给搁浅了,说不定,他的事业现在在王老板的帮助下已经上了一个新台阶了。

我们将"摇头"这个动作运用到不同的场合,会有不同的意义,所以,我们必须做到具体问题具体分析。大致有这几种情况:

第一种情况就是明显拒绝的意思。这时候,人们的头部会左右摇晃得十分明显,频率特别高,暗含着对对方所说的话非常不耐烦,所以,这种拒绝的方式也最容易被我们理解。

第二种情况,虽然是摇头,但是,摇晃的幅度非常小,频率非常低,这实际上并不代表否定意思,反而还带着一种暗示,是听话者在暗示谈话人把话题继续下去,而他自己暂时没有发话的打算。

第三种情况就是有些人会在得意的时候摇头晃脑,比如唱歌唱到高潮部分时,不自觉地会摇头,或者在品尝美食的时候,会一边吃一边不断地摇头说:"噢,真不错,真是美味。"

人生充满了太多的不确定性。这一切的不确定中并没有绝对的否定与肯定,其中不乏蕴含机遇与选择。重要的在于我们是否把握住了机遇,是否懂得了摇头并不一定就是否定这一游戏变动的规律。

从双臂交叉的行为看个性

将双臂交叉抱于胸前,是一种防御性的姿势。防御来自眼前人的威胁,保护自己,这是一种心理上的防卫,也代表对眼前人的排斥感。

这个动作似乎在传达着"我不赞成你的意见""嗯,你所说我完全不明白""我就是不欣赏你这个人"。当对方将双臂交叉抱于胸前与你谈话时,即使不断点头,其内心其实对你的意见并不表示赞同。

也有一部分人在思考事情的时候,习惯将双臂交叉抱于胸前,但是一般而言,具有这种习惯的人,基本上是属于警戒心强的类型。在自己与他人之间画一道防线,不习惯对别人敞开心胸,永远和对方保持适当的距离,冷漠地观察别人。

日本的著名演员田村正和在电视剧中经常摆出双臂交叉抱于胸前的姿势,因此他给观众的感觉,不是亲切坦率的邻家大哥,而是高不可攀的绅士。他不是那种会把感情投入到对方所说的话题中，陪着流泪或开怀大笑的类型。他心中好像一直藏有心事，在自己与他人之间筑起一道看不见的墙。这种形象和他习惯将双臂交叉抱于胸前的姿势，似乎十分符合。

个性直率的人一般肢体语言也较为自然放得开。当父母对孩子说"到这边儿来"，想给孩子一个拥抱的时候，一定会张开双臂，让孩子入自己怀中。试试看将双臂交叉抱于胸前对孩子说"到这边儿来"，孩子们绝不会认为你要拥抱他，而是担心自己是否惹你生气，要准备挨骂了。

防卫心强的人，大部分没有得到太多父母亲的爱，比如：母亲没有亲自喂母乳、总是被寄放在托儿所。在这种环境之下长大的人，防卫心很强。

观察一下对方，是习惯将双臂交叉抱于胸前，还是自然地放于两旁呢？自然放于两旁的人，较为友善，易于亲近，并且可以很快与你成为好朋友。但是，假如你有不想告诉他人的秘密，又想找人商量的时候，请选择习惯将双臂抱于胸前的人。因为太过直率的人守不住秘密，而喜欢双臂抱胸的人会将你的秘密守口如瓶。但是，要和这种人成为亲密的朋友，可能要花上一段很长的时间。

从坐姿解读一个人的内心

每个人的坐姿都和当时的心情以及个人的性格有直接的联系。注意观察下,有的人喜欢并拢着腿坐着,有的人喜欢跷二郎腿,有的人则喜欢双脚交叉着坐。这些坐姿看似是不经意,恰好是这些不经意将他的性格,以及此时此刻的心情暴露给了我们。

第一种坐姿是腿和脚并拢在一起,两只手放在大腿的两侧。经常采取这种坐姿的人最明显的特点是不肯低头,这种个性让他在朋友以及亲人面前非常不受欢迎,他们从来不知道什么是认错,即便事实已经摆在眼前,他就是错了,但仍然不会承认。

这种坐姿的人极度缺乏耐心,比如说在开会,别人都能坐在那里听台上的人发表讲话,但是这种人不行,他们不是去厕所,就是找旁边的人聊天,总之是很难安静地听一会儿。在教导别人的时候,即便是因为自己没有说清楚,也不愿意多讲两句,所以这类人很不适合做老师。这类人非常挑剔,这倒不是完全针对别人,对自己他们也是一样的标准,但可惜的是,总是不能成功,因为他们的挑剔标准已经大大地超过了应该有的客观标准。有时候他们看起来好像是很慎重,但其实多数情况下只是因为自己的挑剔性格在作怪而已。

第二种坐姿是左腿放在右腿上,两只手交叉着放在大腿的两侧。这种人很自信,他们很少会怀疑自己错了,在和别人争论的时候,一般不会轻易承认自己观点的错误,同时根本不会在意对方到底说了些什么内容,不管说什么,他们自己的观点才是正确的,别人的多半错误。这类人一生都在为自己的梦想而努力,而且天赋很好,比一般人要聪明很多,这也是他们为什么这么自信的一个根本原因。他们不但喜欢做领导,也有能力协调好各方面的关系。他们经常说"胜不骄,败不馁",但一旦他们取得了不小的成就,得意忘形的姿态还是很明显。他们有远大的理想,但往往不满于现状,有好高骛远的倾向,总是这山望着那山高。在感情上也很难在一个人的身上集中全部的精力。

第三种坐姿是两腿两脚并拢,两只手放在膝盖上,端端正正。一般经常采取这种坐姿的人多属于内向型,自己的感情世界非常封闭,不喜欢和别人来往。他们的朋友很少,但并不以为意，却很享受这种生活状况。他们最大的特点是谦虚，绝不会出现狂妄、不可一世的时候。在遇到事情的时候，总是能首先为别人着想，所以他们很受朋友们的喜欢。即便是朋友很少，但其实他们是不缺少朋友的，而且与每个朋友的感情都非常不错，都不是泛泛之交。对这种类型的人，别人一般都会很尊重，正所谓是你敬我一尺，我敬你一丈，有来有往。总体来讲，这类人的名声很不错，因为他们的为人很容易就能让他在朋友圈子里获得好名声。

第四种坐姿是大腿分开，脚跟并拢，两只手一般习惯性地放在肚脐的位置。这种人的决断力很强，很有勇气，属于那种能"开疆拓土"的人物，一旦他们做出了什么决定，就会立即采取行动，绝不会拖泥带水。在感情方面也是一样，如果他对某个人产生了好感，或者是喜欢上了某个人，就会很直接地找对方说出自己的感受。不过，他们在感情中并不总是得到另一半的喜欢，因为他们的独占欲望很强烈，所以对方的私生活会受到不小的影响。

第五种坐姿是膝盖并拢，小腿和脚跟成一个八字形，手掌相对放在膝盖的中间。这种人非常害羞，很容易就会脸红，同样的事情，别人没有任何感受的时候，他就开始受不了了。在生活中，他们是典型的保守派，对新事物的接受能力有限。不过他们对待朋友、亲人态度诚恳，愿意帮助别人，即便耽误自己的正事，也在所不惜。所以，只要你有事找他，一般只要一个电话就可以了，不用跑到他家里去当面和他说明情况。

通过观察坐姿，我们能在第一时间获取对方的内心想法以及了解对方是什么性格。

第二章
了解对方需求，消除抵触心理

不清楚对方的真实想法，无论怎么交流，你都不可能达到有效的沟通目的。只有明白对方想的是什么，是怎么想的，你才能与对方进行深入沟通。

了解别人的心理需求

一次，在李莲英的保荐下，醇王特地在宣武门内太平湖的府邸接见盛宣怀，向他垂询有关电报的事宜。

盛宣怀以前没有见过醇王，但与醇王的门客"张师爷"交往甚密，从他那里了解到醇王两个方面的情况：其一，醇王跟恭王不同，恭王认为中国要跟西洋学，醇王则认为中国人不比西洋差；其二，醇王虽然好武，但自认为书读得不少，颇具文采。

盛宣怀了解情况后，就到身为帝师的工部尚书那里抄了些醇王的诗稿，背熟了好几首，以备"不时之需"。盛宣怀还从醇王的诗中悟出了些醇王的心思，胸有成竹之后，盛宣怀前来谒见醇王。

当他们谈到"电报"这一词的时候，醇王问："那电报到底是怎么回事？"

"回王爷的话，电报本身并没有什么了不起，全靠活用，所谓'运用之妙，存乎一心'，如此而已。"

醇王听他能引用岳武穆的话，不免另眼相看，随即问道："你也读过兵书？"

"在王爷面前，怎么敢说读过兵书？不过英法内犯，文宗皇帝西狩，忧国忧民，竟至于驾崩。那时如果不是王爷神武，力擒三凶，大局真不堪设想了。"盛宣怀略停了一下又说："那时有血气的人，谁不想洗雪国耻，宣怀也就是在那时候，自不量力，看过一两部兵书。"

盛宣怀真是三句话不离醇王的"本行"，他接着又把电报的作用描绘得神乎其神。醇王也感觉飘飘然，后来醇王干脆把督办电报业的事托付给了盛宣怀。

如果一个人特意要去结识一个从未打过交道的陌生人，应当把这一过程当成一次人生的挑战，事先做好充分的准备。可以通过多种渠道了解对方的背景、经历、性格、喜恶，在对对方基本情况了如指掌的前提下，设想有可能出现的问题，做好以不变应万变的心理准备。然后，在交往之中针对对方的特点有的放矢、投其所好，令其产生"相见恨晚"之感，从而赢得对方信任。

与人交谈，若能使对方产生思想上的共鸣，碰撞出激烈的火花，就表明你的话打动了对方，触动了对方的心弦。这就能很容易地与对方建立起良好的交往关系。

同样的话在不同的时间、不同的场合说，就会产生不同的效果。要想使自己的话在对方的心里有一定的分量，就必须把握说话的最佳时机。这就需要我们用耳朵认真听，用眼睛仔细看，用大脑全面分析，寻找最合适的机会表达想法，那么成功的沟通就不是难事了。

找准时机，把话说到人心里去，自然能促进沟通的顺利进行。如果在此基础上，我们能掌握说话的方法，把一句话说好、说巧，符合对方的"品味"，那必将会使谈话锦上添花。不恰当的说话方式不仅会影响表达效果，甚至可能给自己带来不必要的麻烦，这就应了我们经常听到的一句话："祸从口出"。

明代开国皇帝朱元璋，出身贫寒，少年时代就给地主家放牛，为了填饱肚子甚至出家为僧。但朱元璋胸有大志，历尽坎坷，终于成就了一代霸业。

朱元璋当上皇帝后，一天，当年一块儿玩耍的伙伴前来拜见。他见到朱元璋高兴极了，生怕朱元璋忘了自己。于是，他指手画脚地在金殿上高声说："我主万岁！您还记得吗？那时候，咱俩都给人家放牛。有一次，我们在芦苇荡里把偷来的豆子放在瓦罐里煮着吃。还没等煮熟，大家就抢着吃，把罐子都打破了，撒了一地的豆子，汤都泼在了泥地里。你只顾从地下抓豆子吃，结果被红草根卡住了喉咙。当时，还是我出的主意,让你吞下一把青菜,才把那红草带进了肚子里。"

当着文武百官的面,自己当年的狼狈相被人和盘托出,朱元璋又气又恼,只好喝令左右:"哪里来的疯子,来人,把他轰出去。"

会说话的人说一句话能把人说笑,不会说话的人说一句话能把人说跳。酒逢知己千杯少,话不投机半句多。要想在沟通中处于优势,首先要打开对方的心门,能把话说到对方的心坎里。

我们可以提前做些功课,多了解对方一些情况,从对方所思所想入手。

从对方的需要入手,迎合对方的需要,你才更容易与对方搭建起顺畅的沟通平台。

选好话题的切入点

一位年轻女子在一个首饰店的柜台前看了很久。售货员问了一句:"这位女士,您需要什么?"

"我随便看看。"女子的回答好像有点心不在焉,可她仍然在仔细观看柜台里的陈列品。此时,售货员如果还找不到和顾客共同的话题,就很难营造买卖的良好气氛,可能就会使到手的生意泡汤。

然而,细心的售货员忽然间发现女子的上衣别具特色,然后她说:"您这件上衣好漂亮呀!"

"噢!"女子的视线从陈列品上移开了。

"这种上衣的款式很少见,是在隔壁的百货大楼买的吗?"售货员满脸热情,笑呵呵地继续问道。

"当然不是。这是从国外买来的!"女子终于开口了,并对自己的回答颇为得意。

"原来是这样,我说怎么在国内从来没有看到这样的上衣呢。说真的,您穿这件上衣,确实很吸引人。"售货员不失时机地称赞道。

"您过奖了。"女子有些不好意思了。

"只是……对了,可能您已经想到了这一点,要是再配一条合适的项链,效果可能就更好了。"聪明的售货员终于顺势转向了主题。

"是呀,我也这么想,只是项链很昂贵,怕自己选得不合适……"

"没关系,我来帮您参谋一下……"

聪明的售货员正是巧妙运用了沟通的艺术,然后顺势引导那位陌生的顾客,最终成功地推销了自己的商品。

初次与陌生人见面,就要找到一个合适的话题,使谈话融洽自如。好话题,是初步交谈的媒介,深入沟通的基础,开怀畅谈的开端。

寻找与陌生人交谈的技巧,一般情况下,是从天气、兴趣和衣着等方面着手,而且这些问题也不易触及对方敏感处。

在社交场合中,每一个社会成员都有一个特定的角色。由于交流的对象、气氛、环境不同,谈话的内容和方式也应灵活变动,不断调整。能够在任何条件下,坦然与人交谈并取得别人的好感,这就是谈话的技巧。

成功的交谈有赖于对话题的选择,话题选得恰当,交谈就融洽自如；话题选择得不恰当，交谈就受到阻碍。话题的选择反映着谈话者品位的高低。选择一个好话题，可使谈话的双方找到共同的语言，往往就预示着谈话成功了一大半。好话题的标准是：至少有一方熟悉能谈，大家感兴趣爱谈，有展开探讨的余地。要使交谈顺利进行，就要找到双方共同感兴趣的话题，而不能只从自己的兴趣出发，要更多地从对方的兴趣着手。

比如，你对足球情有独钟，而对方则爱好摄影。这时，你就不要津津乐道地讲足球比赛，最好以摄影为话题。如果你对摄影略知一二，那肯定谈得投机；如果不太熟悉，那也是个学习的机会，可静心倾听，适时提问，借此增长知识、开阔眼界。一个话题只有让对方感兴趣，交谈才有可能深入下去。

交谈中除注意选择话题外，还应该学会适时发问。发问可以引导交谈按照预期的目的进行，调整交谈的气氛。由于人的知识水平不同，所处的社会环境不同，我们必须仔细观察，了解对方的身份，以使提的问题得体、不唐突。精妙的提问能使你获得所需的信息、知识，并且能够证明你十分重视对方的谈话，从而激起对方的兴趣，向你提供更多的信息。

交谈中最忌讳的就是一方滔滔不绝地高谈阔论，一味地说教，借题发挥，炫耀自己。交谈时要注意以平等的态度礼貌待人，应设法使在座的每个人都有机会参与谈话，这是对人的一种尊重。因为无论在座者的身份地位如何、性格爱好如何，都希望别人不要忽视他。

在交谈中，要充分重视对方的谈话。听对方说话时，目光要始终亲切地注视对方，用眼神和表情表示出你热诚专注的态度，要聚精会神、专心致志地听，不要随意打断对方的谈话。这样，对方就会觉得受到尊重，并认为你对他的话产生兴趣，对你也会产生好感。

有时，对方谈论的一些话题对你来说已十分熟悉，出于礼貌，应保持耐心，不要露出不耐烦的神色。有时，对方谈的话题对你而言完全陌生，很难感兴趣，但出于尊重对方，也应静心倾听。

听人说话，不能只是被动地接受，听者应细心体会对方的感觉，及时地做出积极的反应，以鼓励对方继续谈话。在对方谈话时，可用赞同、复述对方话语、简短评论、提问等方式来表示，比如，"你说得对""确实是这样""我也有同感""你说得太有趣了"等，还可以用点头、微笑等动作来示意。目的是表明自己在用心倾听、积极思考，对方会受到鼓舞，提高说话的兴致，这样会将交谈愉快地进行下去，自己从中也可获得更多的信息。

在听话的过程中总有一定的时间空隙，一个注意倾听且善于倾听的人，会利用这些空隙暗自思考，回味对方说话的内容，进行分析、归纳和概括，明确中心，切实抓住要点。一般来说，交谈中对方说话是直截了当的，其说话的意图是比较容易理解和把握的。但是，在人际交往中，出于种种原因，有时候对方的某些意思是通过委婉含蓄的话语表达出来的。这潜藏其中未明说出的话语就是平常所说的言外之意。倾听者必须留意对方说话的语气、声调、用词、神态和谈话的背景，并通过这些仔细地去体会对方的言外之意，才能真正理解对方说话的意图，从而做出正确的判断和回应，以加强双方交流沟通的效果。

交谈中的语言往往是临场发挥的，这就需要高度的灵活性。尤其是在有目的的谈判中，或是针锋相对的辩驳中，要求谈话者要有机敏的应变能力。

为了进行愉快的交谈，还需要设法营造出一个轻松、和谐的谈话氛围。有些人与熟人在一起谈天说地，无拘无束，兴致很高；而一见陌生人，就紧张拘谨，无法张嘴说话。其实，一个人说话的胆量大小，说话水平发挥得如何，往往与所处的环境氛围有关。交谈的气氛沉闷压抑，人的情绪提不起来，自然也就失去了谈话的兴趣；而交谈的气氛活跃，人的兴致便高，谈兴也较浓，就会放下包袱，畅所欲言。而且，在活跃的气氛中，也容易说服对方接受自己的观点，使交谈获得意想不到的效果。

善于运用生动活泼的话语，能为交谈增添轻松、祥和、快乐的气氛，让听者在说笑中明白某件事和某种道理。

每个人都会在人际交往中遇到很多的陌生人。只要你主动、积极地同对方交流、沟通，并用心了解，总会找到对方感兴趣的话题。

多与对方产生情感共鸣

伽利略年轻时就立下雄心壮志,要在科学研究方面有所成就。他希望得到父亲的支持和帮助。

他对父亲说:"爸爸,我想问您一件事,是什么促成了您同母亲的婚事?"

"我看上了她。"父亲平静地说。

伽利略又问:"那您有没有娶过别的女人?"

"没有,孩子。家里的人要我娶一位富有的女士,可我只钟情于你的母亲。她从前可是一个风姿绰约的姑娘。"

伽利略说:"您说得一点也没错,她现在依然风韵犹存。您不曾娶过别的女人,因为您爱她。您知道,我现在也面临着同样的处境。除了成为科学家,我不可能选择别的职业。别的对我而言毫无吸引力。难道要我去追求财富、追求荣誉?我对科学家这个职业犹如对一个美貌的女子的倾慕。"

父亲说:"像倾慕女子那样?你怎么会这样说呢?"

伽利略说:"一点没错。亲爱的爸爸,我已经18岁了。别的学生,哪怕是最穷的学生,都已想到了自己的婚事,可我从没想过那方面的事。我不曾与人相爱,我想今后也不会。别的人都想寻求一位标致的姑娘作为终身伴侣,而我只愿与科学为伴。"

父亲始终没有说话,仔细地听着。

伽利略继续说:"亲爱的爸爸,您有才干,但没有力量,而我却兼而有之。为什么您不能帮助我实现自己的愿望呢?我一定会成为一位杰出的学者,获得教授身份。我能够以此为生,而且比别人生活得更好。"

父亲为难地说:"可我没有钱供你上学。"

"爸爸,您听我说,很多穷学生都可以领取助学金,这钱是公爵宫廷给的。我为什么不能去领取一份助学金呢?您在佛罗伦萨有那么多朋友。您和他们的交情都不错,他们一定会尽力帮助您的。也许您能到宫廷去把事办妥,他们只需问一问公爵的老师奥斯蒂罗·利希就行了。他了解我,知道我的能力……"

父亲被说动了:"你说得有道理,这是个好主意。"

就这样,伽利略最终说动了父亲,并通过努力实现了自己的理想,成了一名伟大的科学家。

人与人的沟通,很难在一开始就产生共鸣。当我们试图说服别人，或对别人有所求的时候，最好从对方感兴趣的话题谈起，不要暴露自己的意图，让对方一步步赞同你的想法。

也许你曾有过这样的体会，当你知道对方是自己的同乡或校友时，即使是初次见面，也能轻松愉快地与他交谈。有时，如果以对方身边的第三方为话题，那么，谈话就会更顺利。

某食品公司的业务员秦小姐，每当与人交谈不顺利时，就会巧妙地将话题转向对方的家庭或孩子。有一次，她接待了一位表情严肃、不苟言笑的客户。

秦小姐说："令郎现在读小学吧?"听到这句话，那位客户严肃的表情立刻化为乌有，笑着回答："是啊！小家伙可调皮了。"

秦小姐就是通过以那位客户的孩子作为话题，成功地完成了"情感交流"。

与陌生人交流，要把握好火候，既要以情感人又要以客观事实为依据，避免给人一种不切实际的感觉。如此交谈下去，就会顺利很多。

若要更好地与人交流，可从以下几个方面着手。

1. 介绍特长，促进了解

一般情况，介绍的内容除姓名、工作单位以外，最好还要介绍别人的特长。如："这是李先生，我们单位的'吉他高手'。""这是王小姐,曾是市里模特冠军。"这种介绍对促进双方了解,建立友谊是非常有益的。

2. 给予客观评价

给被介绍的人做一个简单、中肯的评价,是比较好的介绍方法。如:"钱先生在机械自动化研究方面很有见地,提出过很多新观点,希望你们能合作。"这种评价式的介绍,能给对方产生良好的印象,从而为结识奠定基础。

3. 平铺直白的叙述

介绍他人,要避免拐弯抹角、故弄玄虚,要用简明的语言直接陈述。如:"这位是我的同学小蒋,搞软件的。"

4. 通过别人引荐

两位陌生人初次相见,可以通过别人介绍达到相识相交的目的。"张先生,这位是……""我来给你引荐一下,这位是小刘,在××公司上班。"这种介绍,既能打破冷场,又能表现出对人的尊重。

迎合对方的兴趣说话

欧阳小姐是一家房地产公司总裁的公关助理,奉命聘请一位著名的园林设计师为本公司的一个大型园林项目做设计顾问。这位设计师已退休在家多年,有些清高、孤傲,一般人很难请得动他。

为了博得老设计师的欢心,欧阳小姐事先做了一番调查。她了解到老设计师平时喜欢画画,便花了几天时间读了几本中国美术方面的书籍。她来到老设计师家中。刚开始,老设计师对她态度很冷淡。欧阳小姐就装作不经意地发现老设计师的画案上一幅刚画完的国画,便边欣赏边赞叹道:"老先生的这幅丹青,景象新奇,真是好画啊!"一番话使老先生升起了自豪感。

接着,欧阳小姐又说:"老先生,您是学清代山水名家石涛的风格吧?"这样,就进一步激发了老设计师的谈话兴趣。果然,他的态度转变了,话也多了起来。欧阳小姐所谈的话题，使两个人的感情越来越深。终于，欧阳小姐说服了老设计师，出任其公司的设计顾问。

初次见面的人，如果能用心了解对方的兴趣、爱好，就能缩短双方的距离，加深对方的好感。对不懂行的人来说，似乎觉得谈论此事是非常无聊的，殊不知热爱此道的人，却觉得有无限的乐趣。兴趣爱好截然不同的人，无异于是处在两个世界。要他们在一起闲谈的话，彼此都会觉得实在乏味。

想要得到对方的好感，我们应该设法了解对方的兴趣，然后才能使谈话投机。平时我们与别人谈话，如果发现彼此兴趣相投，不由就会产生几分亲近感，谈话也就变得十分愉快。

有一位酷爱高尔夫球运动的保险公司业务员，碰到了喜欢高尔夫球的客人，就大谈打高尔夫球的话题，很少提及保险方面的事情，结果喜欢高尔夫球的客人都签下了保险单。彼此情投意合了，自然会成为好伙伴。

无论是在哪种场合下与人交际，总是可以通过很多渠道了解到对方的喜好。

要想迎合对方的兴趣，不适合主动挑起话题，更多的要用暗示，表明是不经意和对方的兴趣爱好相一致，这样才能令对方兴奋。如果主动挑起话题，往往达不到效果。

比如说，面对一个喜欢写诗的人，你要是主动去和他大谈特谈写诗，他可能很厌烦，因为这方面他是专家，你所说的在他看来一句都说不到点子上。如果你无意中表示出兴趣来，让他来谈诗，你们的沟通就会很迅速地达到融洽。不经意地表达出和别人一样的兴趣爱好，别人会主动靠近自己。

著名口才大师卡耐基说："即使你喜欢吃香蕉、三明治，但是你不能用这些东西去钓鱼，因为鱼并不喜欢它们。你想钓到鱼，必须下鱼饵才行。"

说服别人的诀窍就在于，迎合他的兴趣，谈论他最为喜欢的事情。聪明的人在说服别人的时候，懂得迎合别人的嗜好，这样能让对方感觉到受重视、受尊重。当然，这个"迎"，一定要迎合得巧妙，不能让对方看出任何破绽。愚蠢的人在说服别人的时候，只谈论自己，从来不考虑别人。这样的人永远不会得到别人的认同。

每个人都有自己感兴趣的东西。比如，有的人喜欢篮球，有的人喜欢军事，有的人喜欢音乐，有的人对演艺圈的八卦新闻感兴趣，有的人对书法绘画感兴趣，有的人对烹饪食物感兴趣，有的人对神秘现象着迷，等等。总之，每个人都有一个或多个的兴趣。会说话的人在说服别人的过程中，懂得迎合别人的兴趣。

你要别人怎么待你,就得先怎样待别人。那么,如果你想让别人对你感兴趣,那就要先对别人感兴趣。

一些人在推销节油汽车时,一见顾客就开门见山地说明这种汽车可为顾客省很多汽油,结果往往会招致反感,吃闭门羹。

段小姐是一位推销员。她常常会这样开头:"先生,请教一个您所熟悉的问题,增加贵店利润的三大原则是什么?"

客户对这种话题肯定十分乐意回答。他会说:"第一,降低进价;第二,提高售价;第三,减少开销。"

段小姐会立即抓住第三条接下去说:"您说的句句是真言。特别是开销,那是无形中的损失。比如,汽油费,一天节约20元,3辆车一天会节省60元,一个月就有1800元。10年可省21万多元。如果把这一笔钱放在银行,以5分利计算,一年的利息就有1万多元。不知您高见如何,有没有必要节油呢?"

听了段小姐的话,对方就会自觉地想到不能再"浪费"下去了,而要用节油车来省下这笔油钱,最终购买她的节油汽车。

所有的人都爱听赞美的话,尤其是那些事业有成的人,更是如此。但赞美也要有个度,说得太夸张、太过分,就会被人当成你是追逐名利、爱慕虚荣的人。所以，在赞美人的时候，要把握一定的分寸。

无论是谁都希望得到别人的崇拜，都希望被人用尊敬、仰视的眼光看待自己。而对于一个成功人士来说，这种渴望被崇拜的心理会更加地强烈。

一个成功的人士，即使在一定程度上体现了自我价值，还是需要鼓励的，尤其需要别人对他有信心。

还有一些人士，春风得意的时候，往往会在别人的一片颂扬声中沾沾自喜，自高自大，忘乎所以。而你委婉的激励，有时就像一剂良药，给头昏脑热、春风得意的人一点儿提醒。

在赞美一个春风得意的人士的时候，应特别忌讳一点，不能当着这位人士的面大肆指责他的竞争对手。这样做也许当时能让这位春风得意的人士十分高兴，但过后，他就会清楚地意识到这种以贬低一个人来衬托另一个人的手法是多么笨拙，并且让人感觉到的只是在恭维。

那些初试赞美人的人们，在赞美人的时候，一定要小心，要把握好分寸，不要搞出笑话来，反而招人反感。

尽量认同对方的观点

王家与赵家是邻居。王家老是吵架,赵家则是内外融洽。

日子久了,王家很纳闷,就询问赵家:"为什么我们家天天吵架,永无宁日,而你们家一团和气,从来没有纠纷呢?"

赵家的人说:"因为你们家都是好人,所以总是吵架;而我们家都是坏人,所以吵不起来。"

"这是什么意思?"

"比方说,有人打破了花瓶,你家的人都觉得自己没有错,错别别人,一味地指责别人的不是,自然就争执不休了。我们家的人怕伤害到家人,宁可先认错。打破花瓶的人马上道歉:'对不起!对不起!是我太不小心了。'对方也立刻自责:'不怪你!不怪你!都怪我把花瓶放在这里。'人人承认错在自己,关系自然就和谐了。"

我们生活在社会群体中,人与人之间发生矛盾、产生误解是常有的事。如何处理好这方面的问题，我们的祖先留下了可供借鉴的经验。明代朱衮在《观微子》中说过："君子忍人所不能忍，容人所不能容，处人所不能处。"在为人处世上动辄发怒使性子的人，最终毁掉的不仅仅是自己的风度，还包括自己的前途。

被人误解，不要太委屈，错的是别人，不是自己，相信事情终会真相大白。当我们做错了事，免不了会受到责备时，先冷静下来，从自我意识中深刻地反思，这样就不至于发生争吵。

在人与人相处的过程中，有的人常会抱怨、批评对方难以沟通，认为别人无法理解自己的想法，因而产生诸多争执。这是因为对沟通的真实意义不了解。他们认为沟通就是要让别人接受自己所希望、所预期的一切结果，但他们往往却忘了要了解别人的需求和想法。

人与人相处时，如果彼此意见相左，应该先放下自己的看法、意见，以接纳的心去倾听对方真正的想法与需要，然后再看自己的想法与对方想法和需要之间的差异。然后，依据对方的经验，以其能理解及接受的语言方式来表达自己的看法。沟通对象的认知取决于其教育背景、生活环境、过去的经历等因素。如果没有意识到这些问题的话，以对方无法理解的语句来表达意见，只会让对方思路杂乱，那样的沟通将会是没有结果、没有成效的。

如果我们无法接受说话者的观点，那我们可能会错过很多机会，而且无法和对方建立融洽的关系。

尊重说话者的观点，可以让对方知道我们一直在听，而且我们也听懂了他所说的话。虽然我们不一定同意他的观点，但是我们还是很尊重他的想法。若是我们一直无法接受对方的观点，就很难和对方建立融洽的关系。除此之外，尊重说话者的观点，也能够帮助说话者建立自信，使他更能够接受别人不同的意见。

要做到接受别人的观点，首先自己要有很高的修养，有大度的胸怀，能容忍他人，能宽容他人，能求同存异，少计较个人得失，多考虑大局利益。

每个人都有自己的立场与价值观。当对方说话时，我们必须站在对方的立场，仔细地倾听他所说的每一句话，即使不认同也要包容，不要用自己的价值观去指责或评判对方的想法。我们要包容那些意见跟我们不同的人，要试着去接受别人的观点，这样才能与对方保持良好的沟通。

很多人希望把自己的观点告诉别人，希望把自己好的建议介绍给别人。很多时候，往往自己觉得说得很有道理，而且明明是对对方有好处的，但是对方却总是不相信，即使自己说得再有道理，对方也好像总是将信将疑，不能彻底相信。

沟通中，如果只愿意给别人灌输自己的观点而不愿意听取别人的意见，那么会阻碍沟通的进行。

如何能让一个人心甘情愿地接受自己的意见和建议，得到自己的帮助呢？最好的说服不是光嘴上说服，而是从心里说服。为了解决这个问题，我们在这里介绍给大家一个以平等思维说服人的模式。利用平等思维说服人的模式，对方会觉得你提给他的建议是他自己的选择，而不是被你说服了。

1. 真心接受对方的观点

每个人在成长过程中，学到了不同的东西，有各自不同的经验，形成了一套知识和经验系统。基于这套知识和经验系统，形成了稳定的判断事物的标准。他所有的选择都是基于这种标准判断的。

当你想把自己的观点介绍给别人，试图劝服对方的时候，首先要接纳和理解对方的观点。这时候，对方才会跟你和谐相处，才容易接受你的观点。当你发现对方的观点不完善时，只是因为你不了解他的判断标准或他的判断依据而已。

2. 展示另外的选择

短期来看，人们看待事物和评判事物的标准是稳定的。但从长期来看，人们在不断接受新知识和新经验的过程中，新的知识和经验都会不断地影响着人们,在改变着人们的判断标准。

要想改变一个人的判断标准,可以有两种方法:一是改变这个人所依据的条件;二是改变这个人的判断标准背后的知识和经验系统。

改变这个人所依据的条件是短时间解决问题的好办法。人们由于有不同的知识和经验系统,他们看问题的角度也往往不同,所以,他们在看待同一事物的时候,往往会看到不同的结果,依据这些结果来判断事物,他们当然会得出不同的结论。

改变人的判断标准背后的知识和经验系统,就要长期让这个人接受正向的熏习,这就是所谓的近朱者赤、近墨者黑的道理。

3. 尊重对方的选择

当对方已经看到了我们提供的选择的时候,他如果还是选择原先的做法,我们当然要尊重对方。

换位思考，将你心换我心

要想建立良好的人际关系，就要学会站在他人的立场上，从他人的角度考虑，这样，会使你在人际交往的过程中受到欢迎。

一个人要想真正了解别人，就要学会站在别人的角度来看问题。心理学家发现，无论在人际交往中发现什么问题，只要你尽量了解并重视他人的想法，就比较容易找到解决问题的方法。尤其在发生冲突和误解时，当事人如果能够把自己放在对方的处境中想一想，也许就可以了解到对方的立场和初衷，进而求同存异、消除误会。

无论在日常工作还是生活中，凡是有同理心的人，都是善于知道他人意愿、乐于理解和帮助他人的人。这样的人最容易受到大家的欢迎，也最值得大家信任。

有这样一个故事：小白羊和小黄狗是好朋友，有一天，小黄狗到小白羊家去做客，小白羊高兴极了，拿出最鲜嫩的青草招待小黄狗。小黄狗一口也吃不下，心想：这算什么呀，好朋友来也不拿最好的食品来招待，下次到我家我一定不这样小气。后来，小白羊到小黄狗家做客了，小黄狗拿来招待小白羊的食品竟然是一盆带着血丝的肉骨头。小白羊一口也吃不下。小黄狗还在热情地说："小白羊，你吃呀，别客气，都是为你准备的。"可惜小白羊只能"望骨兴叹"，饿着肚子回家了。

听完这个故事很容易明白其中的道理，但现实生活中，又有多少人能真正做到具有同理心呢？

有了同理心，我们将不会处处挑剔对方，抱怨、责怪、嘲笑、讥讽便也大大减少；取而代之的是赞赏、鼓励、谅解、扶持。这样一来，人与人的相处便变得愉快、和谐。

有个英国谚语说："要想知道别人的鞋子合不合脚，穿上别人的鞋子走一英里。"如果能换位思考，许多看似无法解决的事情很快就迎刃而解了。同理心是人际交往的基础，也是进行有效沟通的基石。一旦具备同理心就更容易获得他人的信任，这样才可以真心交流、顺畅沟通，从而合作顺利，取得成功。

一天，我们两个家庭的大人带孩子到餐厅吃饭，大人们聊得兴高采烈时，忽然看见友人家的一个孩子脱掉外衣外裤，只剩无袖内衣及小内裤。

母亲立刻说:"快穿上,会感冒!我帮你穿上,好吗?再不穿,我叫你爸爸来打你了!"孩子仍坐在地板上,不穿衣服。

我走过去,坐下并抱住这个小小的4岁孩子,轻声问他:"衣服怎么了?"

"湿了。"孩子有点委屈。"湿在哪里?我来找找看。"孩子找不到湿掉的地方。我跟他说:"穿上比较好找,先穿上再找好吗?""好。"上衣穿上,孩子终于在左边袖子中间找到一小块湿湿的地方。我说:"湿衣服不想穿,我把它变干好吗?""好!"孩子乖巧地说。我请孩子闭上眼,边用卫生纸吸去水分,口中边念:"变变变,衣服快变干。"然后请孩子张开眼睛。孩子再摸摸袖子,觉得不湿了,满意地站起来。

孩子表达能力不佳,但不代表他没有意见,他对大人的意见也是会选择的,不一定会照单全收。与孩子对话不能一味地要求改变他的行为,而是要理解他的内心感受和想法。

换位思考其实就是去理解别人的想法、感受,从对方的立场来看事情,以别人的心境来思考问题。

同理心是一把真正打开内心困惑的金钥匙,打开的是别人的锁。生活在这个社会中,不妨学会站在对方的立场上看问题,多理解别人、关心别人,才能处理好各种人际关系。

多从对方的角度考虑问题

一位少年去拜访一位长老,向他请教生活与成功之道:"我怎样才能让自己得到幸福,同时又能带给别人快乐呢?"

长老看了看他说:"我送你四句话,第一句话是把自己当成别人。"

少年想了想,说:"在我感到痛苦忧伤的时候,把自己当成别人,痛苦就自然减轻了;当我欣喜若狂之时,把自己当成别人,那欣喜也会变得平和一些,是这样的吗?"

长老点点头,说出了第二句话:"把别人当成自己。"

"在别人不幸的时候,"少年皱着眉头道,"真正用心去同情别人的不幸,理解别人的难处。在别人需要的时候,及时地给予帮助。"

长老微微一笑,又说出一句话:"把别人当成别人。"

少年又说:"您的意思是让我充分地尊重每个人的独立性,在任何情形下,都要根据别人特点和需要来调整自己的行为。"

"说得很好!"长老眼中流露出赞许的目光,说出了第四句话:"把自己当成自己。"

想了一会儿,少年遗憾地说:"这句话的意思,我一时还悟不出来。而且这四句话之间也有许多自相矛盾之处,我用什么才能把它们统一起来呢?"

"很简单,用一生的时间和精力。"长老说道。

少年沉思良久,拜谢而去。

现在流行一种说法:"心态决定一切。"意在提醒人们无论做什么事都需要拥有良好的心态,否则,话难讲,事难成。每个人都拥有自己的喜怒哀乐,都有别于他人的心理活动。有效地沟通,必须从正确的"心态"开始。

小卫常常去某市出差。第一次来到这座城市时,他住进了一家宾馆。当他退房时,服务台小姐一脸严肃地说:"你先在这里等一下。我们要检查一下房间,看看有没有东西损坏或丢失。"接着又冷冰冰地说:"几天前,有个客人偷走了浴室的毛巾,还有个客人把床单烧了个洞……"小卫一听这话,脸有点儿挂不住了,觉得小姐简直是在侮辱他的人格。于是,他表示抗议。可小姐不买账,声称她只是在照章办事,并没有侮辱他的意思。

第二次来时,他在另一家宾馆却感受到了截然不同的待遇。退房时，服务台小姐微笑着说："先生，请您稍等，我们去看看您是否有东西落在房间里了。"他边等待边琢磨，恍然大悟，这位小姐表达的意思与上次那位小姐所表达的不正是一样的吗？她们都是检查房间有无东西损坏或丢失。但显然，后面这位小姐的说话技巧要高明许多。这便是沟通的魅力，或者说是谈话心态的魅力。此后，每次出差，他都住进这家宾馆。

通过比较，我们不难发现，前面那位服务台小姐的谈话心态是存在严重问题的。首先，她的心态没能突破自我，或者说利益出发点始终在围绕自身，没有顾及对方的感受。这在人际交往中，是很愚蠢的。相对而言，后面那位小姐的话语就好多了，她能站在对方的角度来思考，同样的目的，但让对方听来顺耳、舒畅，既达到了自己的目的又巧妙地维护了对方的自尊，让人乐于接受。

沟通时良好的心态是相当重要的。它会像旗帜一样指引着你去与人交流。想要修炼成沟通高手，拥有更和谐的人际关系，潜心培养并迫使自己时时保持积极的心态，至关重要。

无论穷困潦倒，还是春风得意，我们时刻都不要忘了换位思考。只有这样，我们才能宽容地对待每一个人，才能把对方变成朋友。

在工作中，面对客户、同事和上司，我们是否具备一种换位思考能力，时刻从他们的角度出发呢？在做每件事情的时候，我们是否都能够像关心自己和亲人一样去关心他们，满足他们的需求呢？

另外，从对方的角度出发，抓住对方的利益点，我们就能牢牢地把握主动权，进可以攻，退可以守，从而应对自如，稳操胜券。

摩根一生中，曾经有过很多合作伙伴。各行各业争着想与他合伙做生意的人大有人在。可就在这样有利的情况下，摩根还是给了每个合作伙伴非常优厚的条件。在通常情况下，摩根和合作伙伴的利润分成都是四六分成，即摩根四成，合作伙伴六成。

有位朋友向他建议道："既然有这么多人愿意和你合作，你拿六成也不过分，最少也要五五分成呀。"

摩根笑着说："我拿六成，没有多少人会和我合作；但我拿四成，几乎所有的人都抢着与我合作。单个看，我似乎吃了亏。但是，总体上看，我获得了多少个四成啊！"

跟随李嘉诚多年的洪小莲，在谈到李嘉诚的合作风格时，曾经这样说："要照顾对方的利益，这样人家才愿与你合作，并希望不止一次合作。凡与李嘉诚合作过的人，哪个不是赚得盆满钵满的？"

对此，李嘉诚曾说："人要去求生意就比较难。生意跑来找你，你就容易做。如何才能让生意来找你？那就要靠朋友。如何结交朋友？那就要善待他人，充分考虑到对方的利益。"在生意场上，李嘉诚从来都只有朋友没有敌人，这不能不说是一个奇迹。

不管面对的是竞争对手，还是合作伙伴，我们都应该多站在对方的角度去考虑问题，考虑他们在想些什么、想得到什么、不想失去什么，然后制定自己的策略。只有这样，我们才能把握主动权，打开一扇扇通往成功的大门。

从对方角度考虑问题，才能真正顾及对方的利益得失，才能让对方感觉到你是真诚地与其交往，也才能赢得对方的信任。

第三章
掌握说话技巧,快速获得认同

与对方进行沟通,要掌握说话的技巧,把话说到对方的心坎上,对方才会乐意与你沟通。

学会巧妙地运用反语

春秋时期,齐景公很喜欢打猎,并让人养了很多老鹰和猎犬。

一天,负责养老鹰的人,不小心让老鹰跑了一只。齐景公大怒,要下令斩杀这个人。这时,大臣晏子闻讯赶到。晏子看到齐景公正在气头上,怒不可遏,便请求齐景公允许自己在众人面前尽数此人的罪状,好让他死个明白,以服众人之心。齐景公答应了。

于是,晏子就当着齐景公的面,一边指着那个人,一边大声地斥责道:"你为大王养鸟,却让鸟飞了,这是你的第一条罪状;你使大王为了鸟而杀人,这是你的第二条罪状;杀了你,让天下诸侯听了这件事,责备大王重鸟轻人,这是你的第三条罪状。以此三罪,你是死有余辜。三条大罪,不杀不行!大王,我说完了,请杀死他吧!"

齐景公听着听着,听出了其中的意思,转怒为愧,停了半晌，才慢吞吞地说："不要杀了，先生的话我领会了，放了他吧。"

晏子说的是反话，表面上似乎斥责养鸟人的罪状，实际上是在批评齐景公的"重鸟轻人"，毫无仁慈之心。这种反语的运用，既照顾了齐景公的面子，又把是非说得很清楚，从而使齐景公承认了自己的错误。

有些人非常不讲道理。对于这种人，是不是就没有办法说服他们了呢？答案当然是否定的。只要能把握分寸，摸清底细，思路再开阔一些，头脑再灵活一些，说话时语气再柔和一些，就一定能让这种人认清自己的问题。正话反说就是一种有效的办法。

后唐庄宗李存勖没做皇帝之前宵衣旰食，做了皇帝之后便沉溺于声色犬马了。

一次，庄宗率大队人马到中牟县射猎，踏倒了大片庄稼。当地县令前来劝阻，一下子扫了庄宗的兴致。庄宗下令杀死县令。这时，庄宗跟前的戏子敬新磨站出来，指着县官训斥道："你这糊涂的东西，亏你还当县官！难道你不知道皇上爱打猎吗？"庄宗见敬新磨向着自己说话，高兴得直点头。

敬新磨接着斥责："你这糊涂的东西，应该把这片田地空起来，让皇上在这儿高高兴兴地打猎，你为什么让老百姓在这儿种庄稼呢？难道你怕老百姓饿肚子吗？怕朝廷收不了税吗?皇上打猎事大,百姓饿肚子事小,国家收不上税事小,难道这点道理也不懂吗?"

庄宗听罢如坐针毡,便指使部下把县令放了。敬新磨巧责皇帝,智救县令,说的全都是反话。他数落县令那番话,有意把意思说反了,听来义正词严,品评别有滋味。

话语可以拨动人们的心弦。有时是正拨,有时是反拨,在一定的语言环境里,反拨往往能表达出强烈的感情,甚至比正面的话显得更有分量,还能表现出一种滑稽风趣的特色,起到"四两拨千斤"的效果。

晋平公射鹖雀,没有射死,叫小内侍襄去捕捉,结果他没有捉到。平公大怒,把襄关押起来,还扬言要杀了他。叔向听了这事,连夜进宫去见平公。平公把这事告诉了他。叔向说:"大王你一定要把他杀掉。从前,我们的先君唐叔在树林射猎兕牛,一箭就射死了,用它的皮做成一副大铠甲,因为才艺出众被封为晋君。现在您继承我们先君唐叔当国君,射只小鹖雀还射不死,捉又没捉到,这是在宣扬我们国君的耻辱啊!请您务必赶快杀了他,免得让这件事传到远方去。"晋平公听了很不好意思,于是命人立即把小内侍襄放了。

叔向正话反说,用先祖唐叔勇射兕牛而封晋君的故事,巧妙地对比出晋平公射雀不死还要杀人的无能,使平公幡然悔悟。

正话反说，在修辞学上叫作反语，就是人们通常说的反话。反话，使用和本意相反的语句来表达本意。用正面的话表达反面的意思，或用反面的话表达正面的意思。

汉朝丞相萧何杀了韩信之后，又抓住了蒯通。刘邦要他承认勾结韩信谋反之事，历数了韩信"十罪三愚"：

十罪是：一不该明修栈道，暗度陈仓；二不该去杀章邯等三秦王，取了关中之地；三不该涉西河，虏魏王豹；四不该渡井陉，杀陈馀并赵王歇；五不该擒夏悦，斩张仝；六不该袭破齐历下军，击走田横；七不该夜堰淮河，斩周兰、龙且二大将；八不该广武山小会垓；九不该九里山十面埋伏；十不该追项王于阴陵道上，逼他乌江自刎。

三愚是：韩信收燕赵破三齐，有精兵四十万，那时不反，如今才反，这是第一愚；汉王驾出城皋，韩信在修武，统大将二百余员，雄兵八十万，那时不反，如今才反，这是第二愚；韩信九里山前大会战，兵权百万，皆归掌握，那时不反，如今才反，这是第三愚。

蒯通以迂为直，明处说罪，暗里摆功，道愚是虚，表忠是实，使用和本意相反的言辞来表明意思。

巧妙地运用反语，不仅可以救人，还可以讽谏，劝导别人，表达自己的正确主张。

不妨虚心向别人请教

一个对佛学有很深造诣的人，去拜访一位德高望重的老禅师。

老禅师的徒弟接待他时，他很是瞧不起，心想："我的佛学造诣很深，你算老几？"

后来，老禅师出来了，十分恭敬地接待了他，并亲自为他沏茶。可在倒水时，杯子已经满了，老禅师还不停地倒。

他十分疑惑地问："大师，杯子已经满了，为什么还要往里倒呢？"

大师回答说："是啊，既然已经满了，为什么还倒呢？"

原来，禅师的意思是："既然你已经对佛学造诣很深了，为什么还要来我这里求教呢？"

这就是我们常说的"空杯心态"的起源，引申出来的意思是说好的心态是做事的前提。如果想学到更多的东西，就必须先把自己想象成"一只空着的杯子"，而不是目中无人、骄傲自满。

进入陌生的工作环境，肯定会有很多不懂的事情，这个时候就要虚心请教，问问题前先多观察身边的现象，多动脑子。在请教别人时，应当带着谦虚的态度。因为你在询问的同时也是在和同事沟通，增进情谊，这是与人交流的过程，而不是一个单纯的获取答案的过程。

当上司取得成绩的时候，他周围有的是赞美声和一张张笑脸。作为下属的你如果也去这么做，就不会引起上司的特别注意。因此，明智的做法是虚心请教，你可以恭恭敬敬地掏出笔记本和笔，真心诚意地请他指出你应该如何努力，也可以谈论上司值得骄傲的东西，向他取经。这样做会引起他的好感，使他认为你是一个对他真心钦佩、虚心学习，很有发展前途的人。

对于初创企业来讲，只有加强与同类企业的沟通，注意吸收他们在发展中的经验和教训，才能少走弯路。往往有些问题对于经历过的企业来说非常简单，但对于初次遇到的企业可能就不知所措。只要抱着谦虚学习的态度，虚心请教，可能问题就会迎刃而解。多问一句、多学一点，可能比你整天冥思苦想省事、省力得多。

时刻保持一种虚心求教的态度，才能不断学习，不断进步。虚心请教的最大好处就是：通过学习别人的经验和知识，可以大幅度地减少犯错概率，缩短摸索时间，使我们更快地走向成功。

一位年轻人来到了小河边，看到三个年老的长者在河边垂钓。过了一会儿，一位老者起身，说："我要到对岸去。"于是，老者很快就过去了。年轻人很惊讶。过了一会儿，又有位老者也像第一位老者一样过去了。年轻人看呆了。又过了一会儿，第三位老者也起身从水面过去了。这下，年轻人认为自己也可以像他们一样能轻松过去，谁知一下掉到了水里。三位老者把年轻人救起，问他为什么要学着他们过河。年轻人把他的想法说了出来。三位老者哈哈大笑："年轻人，我们在这条河上走了几十年了，对河里的每一块石头都非常熟悉，所以，我们可以很轻松地过河。你不熟悉，就一定会掉到水里去的。"

别人成功和失败的经验是我们最好的老师。那些自以为是的人不肯虚心向人请教，结果只能处处碰壁。

每个人在生活和工作中都有自己的优点和长处，都有值得别人学习和借鉴的地方。年轻同志要尊重老同志，虚心请教，遇事要征求他们的意见；在和领导沟通中，要向领导虚心请教，要有诚意地问领导，自己的弱点在哪里，应该如何提升和改进等，从领导那里得到一些指导。只有不断地挑战自己，才能得到快速地成长。

虚心向别人请教和学习，可以发现自己的不足之处，可以学到许多处理问题的经验、方法。

在困难的时候，你曾经帮助过的人不一定来帮助你，而曾经帮助过你的人还会来帮助你。从心理学的角度讲，一个人在给别人一个小小的帮助后，一般地说，他愿意做出更多的帮助，因为一个人在帮助了别人之后，常常感到对方是应该得到帮助的。

人总是喜欢证明自己正确，谁也不希望自己栽的花开得不好或者开不出来，换句话说，人们不希望自己投资错了，更不希望自己白白投资。让某个人帮助你就是让他"栽培"你，随着期待效应的显现，他就会越来越喜欢你。

向领导和老同事请教工作，体现了对他们的尊重。他们在获得心理满足的同时，不仅不会小瞧你，反而会因为受到尊重增加对你的好感，拉近了彼此的心理距离，有助于建立良好的人际关系。

一个人的力量总是渺小的，以个人能力所能知道的东西极其有限，总有在某方面不如别人，总有自己不懂的事，要虚心向别人请教。不要让虚荣心堵住了自己的嘴，否则也就堵住了开启智慧的大门。

尹金成是韩国有名的企业家。他在开始做生意时，几乎什么都不懂，开发了一件新产品，往往不知道该如何定价。

于是,他就跑到零售商那里去请教,因为他认为如何定合理的价格应该是常与消费者接触的零售商最清楚。

在零售商那里,尹金成出示了新产品,问他们:"像这样的东西可以卖多少钱?"他们都会坦诚地告诉他行情。照着零售商的话去做都没错,不必付学费,也不用伤脑筋,没有比这个更划算的。能虚心接受人家的意见,能虚心去请教他人,才能集思广益。

如果我们能虚心接受他人的意见,虚心向他人学习,离成功就不远了。

开玩笑不要失去分寸

一天,小张和妻子一起逛街,遇到一位朋友,这位朋友平素爱开玩笑。

他见到小张后就故意问:"这位女士是谁啊?"

小张说:"是我妻子呀。"

朋友又问道:"那你上次带的那个女的是谁呀?"

小张的妻子一听,生气地说道:"没想到啊,你还有外遇了,我要和你离婚。"说完甩袖而去。

小张赶快追去解释,可妻子说啥也不信,一直闹着离婚。

最后,小张的朋友亲自过来向他的妻子解释,才平息了这场争吵。

幽默不仅可以减少尴尬,还可以制造一种轻松的气氛,让我们在平淡的生活中过得有滋有味。但是我们知道,放调味料是有一个限度的,如果滥用,味道过重,就会让人难以下咽。所以,我们在使用幽默技巧时也要掌握好分寸,否则结果便会适得其反。

愚人节那天，正在外地出差的王先生接到朋友的电话。朋友气喘吁吁地说："你爱人出车祸了，已经被我送进了医院，你赶快回来。"王先生立刻急急忙忙赶回。回到家中，见爱人正在和朋友聊天，才知道自己被朋友骗了。王先生立刻打电话给朋友，生气地说："你玩笑开得太过分了！"谁料朋友不但不对自己的行为道歉，反而说："愚人节开玩笑很正常。"王先生听后十分生气，此后再也不理会这位朋友了。

熟悉的朋友之间常常会相互取乐，说话也不拘小节，以体现彼此之间的亲密关系。不过，凡事总要有个度，掌握不好尺度，就会好心办坏事。王先生的朋友只是想开个玩笑，但是拿王先生的妻子出车祸这件事开玩笑，却一点也不好笑。这样，不仅没有给大家带来快乐，还使朋友之间关系僵化。可见，开玩笑之前，一定要清楚对象能否接受得了，掌握好尺度。

适度的玩笑并无害处，但是如果失去分寸，那开玩笑者的一时快乐很可能要建立在别人的痛苦之上。而且玩笑开过了头，就成了攻击。

要掌握好为人处世的分寸，就要注意根据不同的环境、不同的对象，确定我们的言行。凡事三思而后行，使自己总能保持一种分寸感，就能使言行恰到好处，有利于巩固和发展人与人之间的友好关系。

过分地开玩笑不是一件很值得提倡的事。"喜欢开玩笑"不能说是一种能力，更不体现人的良好素质。老是喜欢开玩笑的人容易失去他人的信任，到头来会落个不受别人尊重、难以获得信任的下场。当然，偶尔开个玩笑可以暂时起到活跃气氛的作用，但如果经常热衷于同人开玩笑或开些低级庸俗的玩笑，那就极不可取了。

我们应该具有幽默感，而不应过分地开玩笑。幽默的人与喜欢开玩笑的人都能使气氛轻松，但两者的区别在于，前者使人际关系变得融洽自然，而后者是以开玩笑者的"快乐"建立在被开玩笑人的"痛苦"之上的方式来博人一笑，往往容易造成人际关系的紧张。

玩笑必须是善意的，否则，既损伤当事人的自尊心，又影响自己的声誉，引起当事人的不满和得不到谅解是难免的。可见，在生活中一个不尊重别人的人也必然得不到别人的尊重和理解。

有一天，两个原本很要好的朋友，突然为了一句玩笑话闹得不愉快了。甲十分地生气，冲着乙大吼："你怎么能对我开这种玩笑呢？"乙非常委屈地说："我们以前不是经常开这种玩笑的吗，怎么今天就不可以了？"

开玩笑原本是一件好事，恰到好处的玩笑可以让大家开怀一笑，活跃一下严肃的气氛，消除对方的紧张感，拉近人们彼此之间的距离。许多人都是开玩笑的高手，能在不同的场合与不同的人们交流得很融洽。然而，许多开玩笑者原本没有恶意，但开的玩笑却不恰当，往往弄巧成拙，搞得对方不愉快，反而影响双方的感情。

开玩笑要把握好分寸，把握好一个度和界限。掌握好分寸的玩笑会给别人带来快乐，但是过度的玩笑可能造成反感、误解甚至仇恨，因而要掌握好开玩笑的分寸。

乱开玩笑可能会给别人带来很大的麻烦，有时过火的玩笑甚至会造成无法挽回的后果。生活中，我们常会开玩笑调节气氛，但是一定要注意把握住分寸，否则玩笑就会伤人。

适度的玩笑可以活跃气氛，让大家开心，使彼此之间的关系更加融洽。如果玩笑过分必会伤害对方，影响彼此的关系，所以要把握好开玩笑的度。

玩笑的目的是活跃气氛，讲出来的笑话不能让大家感到尴尬。凡有损他人形象、取笑他人的玩笑都是不可取的。

个人的隐私是不可随便拿来调侃的，在开玩笑时一定要注意。别人与你分享自己的隐私是对你的信任，如果以此作为玩笑是会破坏气氛的，甚至会使你们的关系僵化。

拿别人最重要的事情来开玩笑，往往会引起争执，这是对别人极不尊重的表现，所以别人非常在意的事情也不可作为开玩笑的内容。

说对方能听得懂的话

有一个秀才去集市上买柴,看见一个卖柴的人。他就冲卖柴的人喊道:"荷薪者过来!"卖柴的人不明白"荷薪者"(担柴的人)是什么意思,但是听得懂"过来"两个字,于是,就担着柴来到秀才面前。

秀才接着说道:"其价如何?"卖柴的人很迷惑,不明白这句话的意思,但是知道"价"这个字的意思,于是就告诉了秀才价钱。

这时,秀才又说:"外实而内虚,烟多而焰少,请损之(你的木材外表是干的,里头却是湿的,燃烧起来,会浓烟多而火焰小,请减些价钱吧)。"

卖柴的人听完后,担着柴就走了,因为他完全不知道秀才在说些什么。

在社交中,无论你的话多么动听,内容多么重要,沟通最起码的原则是让对方能听得懂你的话。如果对方听不懂你的方言，你要尽量使用普通话；对方不明白你讲的术语或某个名词时，你要转换成对方熟悉的、理解的词语。如果不顾听者的接受能力和特定对象，用文绉绉、难懂的语言，会使对方难以接受。

在会议中，参会的人员不可能都是一个层次。会议主持人不能不看对象，不管效果。主持人在讲话中不要大谈艰深难懂的东西，即使是专业性、学术性较强的会议，主持人也应用朴实无华、浅显易懂的语言来表达深刻的内容，把深奥的道理浅显化。通俗易懂的语言不但让人听得不吃力，还会给人一种亲切朴实、平易近人的感觉，能缩短主持人同与会者的距离。

在谈话的过程中，一般来说应尽可能使用忠实本意且通俗易懂的语言。只有这样，才能使对方感到亲切。尽量避免在同非专业人士沟通的时候使用专业术语，要用沟通对象听得懂、易理解的语言和方式进行沟通。假如无法避免使用专业术语，则至少应以简明易懂的惯用语加以解释，尽量讲别人能够理解的话。因为叙述的目的是让对方相信自己所讲的事实或接受自己的观点，而不是要借助于叙述炫耀自己的学问，卖弄自己懂的词汇。

人与人之间，靠言语去交流，靠心灵去沟通。就人与人相互间沟通的形式而言，绝大部分要靠语言来进行。语言沟通就是把信息准确地传达给对方,并争取让对方接受我们的想法。

说话,几乎是大家天天在做的事情,但善于说话,能清楚地表达自己的意图,使别人乐意接受,却是一件不太容易的事情。当对一个人说话时,你不是想给他传达信息,就是想改变他的看法。但对方是否会接受你的意思,换句话说,你沟通的目的是否能够实现,却是另外一回事了。有人不重视这个问题,认为把自己的意思说清楚,沟通的任务就算完成了。其实,沟通是双向的交流,它的成败不取决于你说了什么,而是取决于对方的反应。对方不接受你,那你说得再多,也没有任何意义。我们沟通得很好,并非决定于我们对情况说得很好,而取决于我们了解得有多好。

我们与别人进行有效沟通,倾听和讲话是必不可少的方式。在交往中,大多数人喜欢表现自己,展示自己的口才,总以为自己说得越多,效果会越好。其实,多说话不一定是好事。一个人如果自说自话,那么多半会惹人生厌。

我们应让对方畅所欲言,而自己用心去听。用心倾听,是表示你对对方的关心与重视,这样比较容易能赢得对方的好感,因为人们总喜欢与尊重自己、平易近人的人往来。戴尔·卡耐基曾经这样说:"专心听别人讲话的态度是我们所能给予别人的最大赞美。"你要得到别人的认可,就要让别人表现得比你优越。同时,用心倾听,不是只听到对方的言辞,还要获得那些话里的真正意思,把握对方的心理,知道他需要什么,关心什么,担心什么。只有了解对方的心,自己讲话才会更有说服力。

当你微笑时,整个世界都在笑,一脸苦相没有人理睬你。在谈话过程中,要对对方的讲话做出积极的反应,表明自己对内容感兴趣。比如,聆听时,你应该看着对方的眼睛。不要无故打断对方的讲话。有时候,用点头、微笑或者肯定性的简短回答,比如"是的""很好"等,来表示你的赞同。如果你毫无反应,答话也没有,对方无法肯定你是否在听。在对方讲话时,不要有左顾右盼、乱写乱画、胡乱摆弄纸张或看手表等心不在焉的表现方式。如果对方讲话,而我们却心不在焉,或者我们只听到一半,就显得不耐烦,那么双方之间的距离一下子就拉远了。

谈话过程中,要主动使自己的口头语言、身体语言与对方保持一致,也就是对方习惯用什么方式,你就用什么方式配合。这样会给对方一个你很认同他的暗示,使他得到尊重和满足。比如,对方正襟危坐,不苟言笑,那你也最好规规矩矩,不要大大咧咧。他要是喜欢打手势,你就用手势去配合。这样即使谈话中一时难以取得一致的意见,但只要和对方配合默契,对方会愿意继续谈下去。

勿轻易使用否定性的语言。所有的陈述都可以使用否定、失望的方式来表达，也都可以用肯定、充满希望的方式来表达。你应该使用积极、肯定的语言，给人一种积极向上的感觉。即使是否定的内容，你也可以用肯定的方式，比如曾国藩曾在奏折中将"屡战屡败"改为"屡败屡战"，给人的感觉就是不一样。但当你使用"我还不够好""我想我做不到"等消极性、自贬性的语言时，会直接或间接地降低你的地位。

在谈话的内容上，尽量与对方求同存异，尽力扩大共同点，增加共识。

在交谈中或者交谈之前，我们要尽量了解对方。对对方了解得越多，我们谈话的信心就越强。在我们与人交谈的时候，不要以讨论不同的意见为开始，要以强调而且不断强调双方所同意的事情为开始。

对我们所提的问题，要尽可能地让对方总是以"是的"等肯定的方式来回答。一旦对方总是说"是的，是的"，那么他就会忘掉双方间争执的事情，而乐意去做你建议的事情。

征求对方的看法和建议，这也是对对方的一种尊重，而对方也会感到很荣幸。在适当的时候，不要忘记真诚赞美对方几句，这样沟通的效果会更好。因为人人都喜欢赞美。

把该说的话说到位

萧何任丞相时,上林苑中有大片空地。他曾请求汉高祖刘邦让出这大片空地给百姓耕种。刘邦一听萧何居然要缩减自己的园林,很生气。要知道,上林苑可是专供皇帝游玩嬉戏和打猎消遣的园林。

刘邦认为,萧何肯定是接受了百姓和商人的钱财,才公然替他们说话办事的。于是,刘邦下令将萧何逮捕入狱,准备交由廷尉审查治罪。廷尉是专门为皇帝办案子的。为了讨好皇帝,只要皇帝认定某人有罪,廷尉官员就不惜动用大刑迫使犯人认罪。所以,如果真要把萧何交给廷尉处理,那么萧何肯定会被屈打成招的。

就在这危急时刻,有位大臣挽救了萧何。这位大臣上前对刘邦说:"陛下是否记得原来与项羽抗争,以及后来陈稀、黥布相继谋反,陛下亲自带兵东征的时候?那几年,只有丞相一个驻守关中,关中百姓又非常拥戴丞相。假如丞相稍有利己之心，那么关中之地就不会是陛下的了。丞相不在那个时候去为自己谋大利，难道会在这个时候去贪占百姓与商人的一点小利吗？"

大臣简单的几句话，说得有理有据，使得刘邦非常惭愧，也深受感动。刘邦意识到由于自己的鲁莽，差点铸成了大错，于是立即下令赦免了萧何，并让其官复原职。

在工作和生活中，因一时糊涂或偏听偏信而造成误会的事情时有发生，这不但会给当事人带来委屈和伤害，而且会严重危害当事人正常的工作和生活。当我们遇到被人误会的情况时，最好用事实说话，据理力争说服对方。千万不能硬抗，否则对方骑虎难下，纵然意识到自己错了也可能将错就错。

俗话说："身正不怕影子斜。"只要你为人正派，而且有让对方看得见的事实作为凭证，你就可以放心地为自己辩护。有理走遍天下，相信误会终究是会消除的。

如果有人问我们是否会说话，可能所有人都会觉得可笑。我们两三岁的时候就会说话了。不过，那时的我们只是具备了说话的能力。如何把话说得更好、更到位，却绝非我们想象得那般简单。

有个人因为有喜事，在家里请客。时间到了，四位客人到了三位。焦急等待之时，主人忍不住说道："该来的人怎么还没来？"

座中一个客人听了，心中十分不快："这么说来，我就是不该来的了？"说着，他站起身就走了。

主人心中暗自叫苦，顺口说道："不该走的又走了。"

另一个客人听了，满面愠色道："难道我就是那个该走又赖着不走的？"说完也含怒而去。

一时间，座中只剩下一个客人。主人赶忙安慰他道："他们两位都误会我了，其实我不是说他们的。"话音还没落，最后一个客人也拂袖而去。同样的目的，表达方式不同，结果就会大不一样。

纵观古今中外的风云人物，无不具有良好的口才。正是凭着好口才，他们在各自的领域里如沐春风。

当然，我们也没必要个个都像相声演员那样滔滔不绝，但至少我们要把话说到点子上。

小陈和小刘是某单位的两个专职司机。前不久，单位精简人员，两个人必须有一人下岗。于是，单位搞了一个竞争上岗活动，让两个人分别谈自己对将来工作的想法。

小陈第一个上场，开始自己的演讲。他说如果自己将来能开车，一定会把车收拾得非常干净利索，遵守交通规则，而且保证领导的安全，同时要做到省油，不给单位增加负担等。小陈滔滔不绝地讲了半个多小时，终于讲完了。

轮到小刘上场了,他只讲了三分钟没到就下来了。他说他过去遵守了三条原则,现在他仍遵守三条原则。如果能继续为单位开车,他还会遵守三条原则。这三条原则是:听到的话,说不得;吃饭时,喝不得;开的车,使不得。

领导一听:"好!这个司机说得好!"

小刘说得好在什么地方呢?第一,听到的话,说不得,意思是说领导坐在车上研究一些工作,往往在没公布之前都是保密的。我只能听,不能说,不能泄密。第二,吃饭时,喝不得。因为工作原因,我经常要陪领导到这儿开个会,到那儿参加个庆典活动,难免有这样那样的饭局。这时候,我该吃就吃,但绝对不喝酒,这叫保护领导的生命安全。第三,开的车,使不得。你别看我是开车的,但是只要领导不用车的时候,我也绝对不为了一己私利而开公车,公私分明,不给领导脸上抹黑。

这样的司机,哪个领导不喜欢?于是,小刘留了下来。

显而易见,小刘能够留下来,并不是靠自己开车的技术,而是靠良好的口才。正是贴切地揣摩了领导的要求,把话说到领导的心窝里,使他获得了一个工作的机会。

无论在职场还是在商场,每一个环节都离不开一张巧嘴。尤其是在商场上,我们每进行一场交易,都少不了一番舌战。而那些胜出者,无不是口才出众、巧于言辞的人。

工欲善其事，必先利其器，良好的口才就是我们不可或缺的利器之一。但是，我们拥有良好的口才，并不一定就非要咄咄逼人、与人胡乱争辩。那样的话，我们和街头泼妇又有何异？

真正懂得说话艺术的人，总是当言则言，当止则止，即使得理，也要饶人，只有这样才能让人心服口服。

有一次，美国总统柯立芝在批评自己的女秘书时说："你今天的这件衣服非常漂亮，你真是一个迷人的姑娘。只是，我希望你打印文件时注意一下标点符号，让你打的文件像你一样可爱。"

对于这样的批评，女秘书当然欣然接受。此后，她打印的文件总是一丝不苟，很少有出错的地方了。

身为美国总统，柯立芝可以说是当时世界上最有权势的人了。但他并没有对一个下属大施权势之威，而是通过欲抑先扬的方式，委婉客气地指出她的不足。看似平平常常的一句话，却透露出少有的睿智，令人为之倾倒。

只有尽快地掌握说话的艺术和技巧，把话说到点子上，我们才能在人生舞台上尽快地展现自我。

恶语相加不如好言相劝

在小洛克菲勒还是科罗拉多州一个不起眼人物的时候，美国发生了历史上最激烈的罢工，并且持续达两年之久。

愤怒的矿工们要求科罗拉多燃料钢铁公司提高薪水，小洛克菲勒正负责管理这家公司。

由于群情激愤，公司的财产遭受破坏，军队前来镇压，因而造成不少罢工工人被射杀。这种情况，可说是民怨沸腾。

小洛克菲勒后来却赢得了罢工者们的信服。他是怎么做的呢？小洛克菲勒花了好几个星期结交朋友，并向罢工者们发表演说。

小洛克菲勒在演说中说："这是我一生当中最值得纪念的日子，因为这是我第一次有幸能和这家大公司的员工代表见面，还有公司行政人员和管理人员。我可以告诉你们，我很高兴站在这里，有生之年都不会忘记这次聚会。假如这次聚会提早两个星期举行，那么对你们来说，我只是个陌生人，也只认得少数几张面孔。两个星期以来，我有机会拜访整个南区矿场的营地，私下和大部分代表交谈过。我拜访过你们的家庭，与你们的家人见面，因而现在我们不算是陌生人，可以说是朋友了。基于这份互助的友谊，我很高兴有这个机会和大家讨论我们的共同利益。由于这个会议是由资方和劳工代表所组成的，承蒙你们的好意，我得以坐在这里。虽然我并非股东或劳工，但我深觉与你们关系密切。从某种意义上说，我也代表了资方和劳工。"

通过那次演说，小洛克菲勒不但平息了众怒，还为自己赢得了不少赞赏。

如果小洛克菲勒不采用演说的方法，而采用另一种方法，与矿工们争得面红耳赤，用不堪入耳的话骂他们，或用话暗示错在他们，用各种理由证明矿工们的不是，那么只会招惹更多的怨愤和暴行。

商界人士都知道，对罢工者们表示出一种友善的态度是必要的。

怀特汽车公司的某一个工厂有两三百名员工。他们要求加薪而举行罢工。当时，公司的总裁罗伯·布莱克没有采取动怒、责难、恐吓或发表霸道谈话的做法，而是在报刊上刊登了一则广告，称赞那些罢工者"用和平的方法放下工具"。布莱克买了许多球棒和手套，让罢工者们在空地上打棒球。

有些人喜欢保龄球，他便租下了一个保龄球场。

布莱克先生富有人情味的举动，得到的当然是富有人情味的反应。那些罢工者找来了扫把和垃圾推车，开始把工作附近的纸屑、烟头、火柴等垃圾扫除干净。你很难想得到，一群罢工工人在争取加薪、承认联合公司成立的时候，同时清除工作附近的地面。这在漫长、激烈的美国罢工史上是绝无仅有的。这次罢工终于在一星期内获得和解，并没有产生任何不快或遗憾。

著名律师丹尼·韦伯斯特在辩论中经常说出这些话语："这有待陪审团的考虑。""这也许值得再深思。""这里有些事实，相信您没有疏忽掉。""这一点，根据您对人生的了解，相信很容易看出这件事的重大意义。"

韦伯斯特用的都是最温和、平静、友善的处理方式，但仍不失其权威性，而这正是他成功的最大助力。

能说会说的人绝对不会采取恶语去处理事情，那样反而使事情更糟。掌握说话的艺术，做好沟通，处理起事情来就轻松多了。

一头熊在与同伴的搏斗中受了重伤，来到一位守林人的小木屋外乞求得到援助。

守林人看它可怜，便决定收留它。晚上，守林人耐心地、小心翼翼地为熊擦去血迹、包扎好伤口，并准备了丰盛的晚餐供熊享用，这一切令熊无比感动。

临睡时，由于只有一张床，守林人便邀请熊与他共眠。就在熊进入被窝时，它身上那难闻的气味钻进了守林人的鼻孔。

"天哪！我从来没闻过这么难闻的味道。你简直是天底下第一大臭虫！"守林人大嚷道。

熊没有说什么，当然也无法入眠，勉强地挨到天亮后向守林人致谢上路。

多年后，熊与守林人再次相遇。

守林人问熊："你那次伤得好重，现在伤口愈合了吗？"

熊回答道："皮肉上的伤痛，我已经忘记。心灵上的伤口却永远难以痊愈！"

我们有时也许激怒了他人，或者被人激怒。当你被人激怒，并且说了一大堆气话之后，你确实可以消除自己的愤怒情绪，让自己轻松一些，但是他人对你印象会恶劣，你就是用尽所有办法也很难使他人信服于你。

话不能说得过于绝对

在北京的一家著名饭店，一位外宾吃完一份茶点后，顺手把精美的景泰蓝食筷悄悄插入自己的西装内衣口袋里。

这一切被一位服务小姐看在眼里。她不露声色地迎上前去，双手擎着一个装有一双景泰蓝食筷的绸面小匣子说："我发现先生在用餐时，对我店景泰蓝食筷爱不释手。非常感谢您对这种精细工艺品的赏识。为了表达我们的感激之情，经餐厅主管批准，我代表本店，将这双图案最为精美并且经严格消毒处理的景泰蓝食筷送给您，并按照大酒店的'优惠价格'记在您的账簿上。您看好吗？"

外宾当然明白这些话的弦外之音，当即表示了谢意后，解释道自己多喝了几杯酒，头有点晕，误将食筷放入内衣口袋里，并借此"台阶"说："既然这种食筷不消毒就不好用，我就'以旧换新'吧！"说着，外宾取出内衣口袋里的食筷恭敬地放回餐桌上，接过服务小姐给他的小匣子，不失风度地向付账处走去。

在谈话的时候，我们要提醒自己，给自己留余地，使自己可进可退，这好比在战场上一样，进可攻，退可守。这样，出击对方，又可及时地退回，自己依然处于主动的地位。虽然不能保证自己就一定会战无不胜，但是至少可以保证自己不会一败涂地。

事物都有自己存在的道理，人事也有自己存在的情理。说话时，如果违背了常情常理，就会给别人留下口舌。因此，在谈话时，要记住话不要说过了头，违背了常情常理。

也许是爱因斯坦的"相对论"深入人心的缘故，人们考虑问题都喜欢相对思考，对于绝对的东西，在心理上有一种排斥感。比如，你斩钉截铁地说："事实完全就是这个样。"此时，别人心里会想："难道一点也不差？"也许你表达的是事实，可是他心里老是琢磨"难道一点也不差"的时候，他对你话语的领悟就会有点舍本逐末了。你倒不如这样说："事实就是这个样子。"

如果是连我们自己都还没有彻底弄清楚的事情，或者是代表个人看法，就更不要用那些表示绝对的字眼，那样会因为你的绝对化而引起他人的怀疑，甚至引起他人的反感。

有一次，两个陌生人第一次见面，闲聊谈起了大家都关注的问题"道德与法制的关系"。其中一个说："这个问题只是智者见智、仁者见仁的问题。"而另一个接着说:"在这个社会,必须讲法制,用不着讲道德。"从后者的谈话来看,他的意思是说,在现在的社会,人心不古,只讲道德,对有些人是没有用的,因此必须用法制来解决问题。但是,他的话过于绝对,引起对方的不满。对方立即反驳他:"社会不讲道理是不行的。"他只好把自己的话又解释了一遍。

在谈话时,即便是我们绝对有把握的事,也不要把话说得过于绝对,绝对的东西容易让他人挑刺。而现实是,如果对方有意挑刺,还真能挑出刺来。与其给别人一个挑刺的机会,不如把话说得委婉一点。同时,如果我们不把话说得绝对,我们还可以在更为广阔的空间与对方周旋。

当我们为了某个目的与他人谈话时,话就要说得圆润一些。话说得太直,会激恼对方,即便是理在己方。说得圆润一点,能给我们留下一定的回旋余地。

第四章

会高情商表达，让你在人际交往中左右逢源

每个人都会遇到不如意的事情，产生不良的情绪。如果你将不良情绪带到与人交往之中去，那么别人就不会愿意与你进行沟通。

随便指责是愚蠢的行为

1863年7月,盖茨堡战役打响。在敌军陷入了绝境时,林肯下令给米地将军,要他立刻出击敌军。但米地将军迟疑不决,用尽了各种借口,拒绝出击。结果,敌军顺利逃跑了。

林肯勃然大怒。他坐下来给米地将军写了一封信,表达了对他的极端不满。但出乎常人想象的是,这封信林肯并没有寄出去。

在林肯逝世后,人们在一堆文件中才发现了这封信。也许林肯设身处地地想了米地将军当时为什么没有执行命令,也许他想到了米地将军见到信后可能产生的反应,米地可能会与林肯辩论,也可能会在气愤之下离开军队。

木已成舟,把信寄出,除了使自己一时痛快以外,还有什么作用呢?

批评和攻击,所得的效果都是零。当我们想指责或纠正某些人时,他们会为自己辩解,甚至反过来攻击我们。成功的经验告诉我们：学会宽容和尊重，才能更好地与人相处。

这天，丈夫回到家，发现屋里乱七八糟，到处是乱扔的玩具和衣服，厨房里堆满碗碟，桌上都是灰尘……他觉得很奇怪，就问妻子："发生了什么事了？"妻子回答："平日你一回到家，就皱着眉头对我说：'一整天你都干什么了？'所以今天我就什么都没做。"

好指责实在不是一种好习惯。你伤害别人也会伤害你自己，别人不舒服你也不会舒服。

不要指责他人，并不是说放弃必要的批评。这里的原则是要抱着尊重他人的态度，以对方能够接受的方式来批评。

一家工厂的老板，这天巡视厂区，看到几个工人在库房里吸烟，而库房是禁止吸烟的。他没有马上怒气冲冲地对工人们说："你们难道不识字吗？没有看见禁止吸烟的牌子吗？"而是稍停了一下，掏出自己的烟盒，拿出烟给工人们，并说："请尝尝我的烟！不过，如果你们能到屋子外去抽的话，我会非常感谢的。"工人们则不好意思地掐灭了手中的烟。

我们喜欢责备他人，常常是为了表现自己的高明。有时，也有推卸责任的目的。我们谦虚一些，严格要求自己一些，这对自己只有好处，绝无坏处。

在你想责备别人的这不是那不是时，请马上闭紧自己的嘴，对自己说："看，坏毛病又来了！"这样，你就可以逐渐改掉喜欢责备人的坏习惯。

有的人只相信自己，不相信别人，会让人避而远之；有的人总喜欢严厉地责备他人，使对方产生怨恨，不觉中使彼此的沟通难以进行，事情也办得一团糟。成功人说，只有不够聪明的人才批评、指责和抱怨别人。

在交涉场合中，往往有些人会不顾及别人的面子，当众指出你的不足与缺点，使你手足无措，陷入尴尬的境地。面对这种情况，你可以运用以下几种方法应对。

1. 请难应变法

当你处于窘境之时，可以反问对方一个问题，让对方来回答，从而把对方和听众的注意力都转移到你提出的问题上，这就是请难应变法。

2. 有意曲解法

在与人交涉的过程之中，当你遭到恶意攻击并陷入难堪境地时，你可以抓住对方语言中的某个词或某句话，进行有意曲解，这样做既可以解脱窘境，还可以用来嘲讽对手。

被人当场指责实在是让人难堪至极，若和对方针锋相对地去争辩，也会有失风度。你若故意曲解对手的话语，不但让对手苦不堪言，还让自己可以体面地下了台。

3. 超常想象法

在与人交涉时，当你因做错事或说错话而受到对方的指责时，若一味地去狡辩，只会影响你的形象，此时，你应发挥超常想象，在困境中展示你的才智和应变能力，将问题转移。

受到客人指责时，简单道歉或辩解是不能迅速化解客人心中的不满情绪的。发挥超乎常人的想象力，始终避开正面交锋，并借助偶然的因素所造成的失误构成某种歪曲的推理，可以有效淡化客人的不满。

4 逆向释因法

面对对方的攻击，如果你能借用对方的说理和推理方法反向攻击，便能从困境中解脱出来。从相反的方向攻击，可以轻而易举地制服对方。

5. 歪问歪答法

与人交涉时，若顺着对方问话老老实实地作答，有时就会陷入对方设置好的陷阱。所以，针对对方提出的怪问题，你不妨来个歪问歪答，巧妙过关。

化被动为主动应对嘲笑

有一位著名的丑角叫吐鲁斯。在一次休息的时候,一位很傲慢的观众走到他的身边,讥讽地问道:"丑角先生,观众非常欢迎你吧?"

"还好。"吐鲁斯谦虚地答道。

"要想在马戏班中受欢迎,丑角是不是就必须具有一张愚蠢而又丑怪的脸蛋呢?"

"确实如此。"吐鲁斯回答说,"如果我能生一张像先生您那样的脸蛋的话,我准能拿到双薪。"

这位傲慢的观众的脸蛋,同吐鲁斯能不能拿双薪,其实是无丝毫内在联系的,但幽默的吐鲁斯却巧妙地把它们联系在一起,产生强烈的幽默感,对这位傲慢的观众进行了讽刺。

在社交场合中,有时会遇到别人有意奚落、挖苦、讥讽你,面对这些情况你该怎么办?有随机应变能力的人,能采用自己的智慧,化被动为主动,使尴尬烟消云散。"兵来将挡，水来土掩"，可视不同的对象选择不同的应付办法。

俄国寓言作家克雷洛夫，皮肤生得较黑，但偏偏又喜欢穿黑衣服。一天，他在路上遇到了两个穿得花里胡哨的公子哥。其中有一个见到了克雷洛夫，就阴阳怪气地对他的同伴说："看啊，飘来了一朵乌云！"克雷洛夫应声答道："怪不得青蛙高兴得叫了。"克雷洛夫接过话头，教训了对方。

若判明来者意图不善，是怀有恶意、故意挑衅的话，你可以"以眼还眼，以牙还牙"，巧妙地回敬对手，将"原物"顶回。

著名律师汤姆被选为议员以后，仍然穿着乡下人的服装从农庄到了波士顿。当他在一家旅馆客厅里休息时，听到一群衣冠楚楚的绅士、淑女在议论他："啊，来了一个地道的乡巴佬，我们过去逗逗他。"于是，他们就走过去，把汤姆围起来，向他提出一些怪问题，嘲弄他。汤姆站起来，郑重地说："你们仅仅从我的衣着看我，就不免看错了人，以为我是一个乡巴佬。而我呢，因为同样的原因，以为你们是绅士、淑女。其实，我们都错了。"这一句话，揭露了对方的为人，使嘲弄者反而受到了嘲笑，同时也提醒他们不要犯以貌取人的世俗错误。

如果有人用过于唐突的言辞使你受到伤害，或叫你难堪，你应该含蓄应对，或装聋作哑、拐弯抹角、闪烁其词，或顺水推舟、转移"视线"、答非所问，谈一些完全与其问话"风马牛不相及"的事，用这种委婉曲折的方法反驳对手，肯定会取得奇特的功效。

有的时候，可能会遇到棘手犯难的问题。对此，若以幽默谐趣的方式回答，往往会"化险为夷"，改变窘态，使尴尬的局面消失在谈笑之中。

俗话说："防人之心不可无，害人之心不可有。"练就随机应变的语言表达能力很重要，但切不可主动进攻、出口伤人，而且自我防卫要注意有礼貌。

在与人交涉的过程中，难免会遇到一些心胸狭隘、不顾及别人情面的人。他们可能会在你偶然犯错误或者失态的情况下，嘲笑你的不慎或者失误，从而使你难堪。往往这个时候，我们都会显得手足无措，不知如何是好。下面的几种方法能帮助你摆脱困境，还能帮你赢回自信。

1. 隐含锋芒法

当来自对方的嘲笑是出于无知或轻浮时，你可以不直接进行反击，通过说明事实真相的方式，就能心平气和地给对方的失礼行为以分量不轻的教训。这种方式看似平常，却既有很强的教育作用，又能显示说者的风度雅量。

这种应对方法，不是那么锋芒毕露，咄咄逼人，而是在平心静气，甚至是在谈笑风生之中，通过陈述事实，说明道理，揭露对方的无知。当情况点明时，对方已经无地自容了。有时候，这种方式比直接反驳的效果更好。

2. 以牙还牙法

如果嘲笑者是蓄意挑衅，污辱人格，拿人的生理缺陷寻开心，这时被嘲笑者不必客气，要以其人之道还治其人之身，以强烈刺激性的语言给他们来点教训。

对于他人有意侮辱人格的嘲笑应以眼还眼，以牙还牙，进行自卫还击，可以收到一招制胜的效果。

3. 幽默解窘法

当对方嘲笑的是自己存在的问题时，如果自己矢口否认，反而是在欲盖弥彰；如果恼羞成怒，也会错上加错。这时，不妨采取幽默方式给以应对，使自己体面地从窘迫中走出来。

幽默解窘法虽然可以为自己解窘一时，但是有护短和狡辩之嫌。因此，它只能作为权宜之计，暂时给自己一个台阶下，进而要从对方的嘲笑中认识到自己存在的问题，并下决心改正，这才是正确的做法。

4. 强忍自激法

如果对方的嘲笑并不涉及自己的人格，而且说的又是事实，只不过是用语尖刻了一点，使自己的面子有些过不去时，你大可不必进行反击。此时，你不如将对方的话语作为动力，下决心改变事实，提高自己，最终为自己挽回面子。当你扬眉吐气之时，对方也会感到自愧的。

理智回敬蛮横无理的人

20世纪30年代，一位英国商人伯纳尔向香港著名的茂隆皮箱行订购了3000只皮箱，总共价值20万港币。

双方签订的合约中明确规定，全部的货物要在一个月之内交付，如果逾期，卖方必须赔偿英商10万元港币的损失费用。

在日夜赶工之下，茂隆皮箱行经理冯灿在一个月内如期向英商交货。

没想到交货的时候，一开始就存心讹诈赔偿费用的伯纳尔，无计可施之余，居然莫名其妙地进行质疑："你们的皮箱夹层使用了木板，这批货不是我们要的皮箱，你们必须重做'真正的皮箱'！"

面对伯纳尔的无赖行径，冯经理怒不可遏，双方多次交涉无效后，只好闹上法院。然而，同为英国人的法官有意偏袒伯纳尔。所幸，冯灿委托的律师罗锦文冷静处理，而赢得最后的胜利。

在最后辩论过程中，当罗锦文面对强词夺理的奸商和具有排华情结、心怀偏颇的法官，随手从口袋里掏出了一只英国出品的金表，高声问法官："法官先生，请问这是什么表？"

只见法官神气地说："这是大英帝国的名牌金表，可是我提醒你，这金表与本案毫无关系！"

"当然有关系！"罗锦文高举金表，继续大声说道："这是一只金表，我们尊敬的法官已有定论，恐怕没有人表示异议了吧？但是，我想请问各位，这块金表除了表壳是以少量黄金打造以外，内部机件都是黄金材质的吗？"

法官和伯纳尔这才发觉，他们中了律师的"圈套"。但是，为时已晚，自己言之确凿的回答，早已成为对方最有利、最无可辩驳的证据。

罗锦文抓准时机继续说："既然金表中的部分零件允许非黄金材料，那么，皮箱中的部分材料为何非要全都是皮制品呢？我们可以很明显地知道，在这个皮箱案中，纯粹是原告伯纳尔无理取闹，存心敲诈而已！"

于是，在众目睽睽之下，伯纳尔哑口无言。法庭不得不判伯纳尔诬告罪，并罚款5000元港币了结此案。

对于蛮横无理的人，不要一味强调自己的立场，应该避开双方相持不下的情况，为自己找到绝佳的出口。懂得以巧妙的迂回战术避实就虚，用对方的逻辑来打败对方，这才是聪明人获得胜利的关键因素。

有的时候明明你是对的，理在你这里，但是为了保全别人的脸面，即使有理也不一定要大声地直接表明。

在一家餐馆里，一位顾客大声地嚷着："小姐，你过来，你过来！"他指着面前的杯子，满脸怒气地说："看看，你们的牛奶是劣质的吧，看把这杯红茶都糟蹋了！"

"真对不起！"服务小姐笑道，"我立刻给您换一杯。"

新红茶很快端来了。茶杯跟前放着新鲜的柠檬和牛奶。小姐把红茶轻轻放在顾客的面前，又轻声地说："我建议您，如果在茶里放柠檬，就不要加牛奶，因为有时候柠檬会造成牛奶结块。"顾客的脸一下就红了。他匆匆喝完茶，走了出去。

有人笑着问服务小姐："明明是他没理，你为什么不直说呢？他那么粗鲁地叫你，你为什么不给他一点颜色瞧瞧？"

小姐说："正因为他粗鲁，所以要用婉转的方式对待。正因为道理一说就明白，所以用不着大声。"

客人佩服地点头笑了，对这家餐馆也增加了许多好感。

在社交活动中，有的人蛮横不讲道理，如果你一再忍让，他还会得理不饶人，这时，你也要来点硬的，以牙还牙，但是,要讲求点艺术。

1. 态度冷静

遇事最忌讳的就是浮躁。一语不合,就面红筋跳,暴跳如雷,这是泼妇骂街之术。强者必须态度镇静,行若无事。一般的吵架,谁的声音高便算谁有理,谁的来势猛便算谁赢了;可是真正的强者,乃能避其锋而击其懈。你等他骂得疲倦、无话可说的时候,轻轻地回敬一句,就会让他再狂吼一阵。在他暴躁不堪的时候,你对他冷笑几声,就能把他气得死去活来。

2. 旁敲侧击

他偷东西,你说他是贼;他抢东西,你说他是盗,这是笨人的方法。旁敲侧击,在紧要的地方只要一句便可。让旁边的人看起来也佩服你的度量,并让对方自惭形秽。

3. 言语委婉

说人要说得微妙含蓄。你说他一句要使他不觉得是挨骂,等到想过一遍后才慢慢觉悟这句话不是好话,让他笑着的面孔由白而红,这才是强者。说人要委婉,首先不要说出不堪入耳的脏话。其次,最好不要加入种种难堪的名词。即使他是极其卑鄙的小人，你也不妨称他先生。越客气，语言越有分量。

4. 预设埋伏

说话之前，你便要想想看，他将用什么话回应你。有眼光的人，便会处处留神，或是先将他要讥讽你的话替他说出来，或是预先安设埋伏，令他讥讽回来的话失去效力。预先安设埋伏，便是在要攻击你的地方，你先轻轻地埋下话根，然后他讥讽过来就等于枪弹打在沙包上，对你产生不了伤害。

暴跳如雷，你完蛋了

人类是情绪化的动物，也可以称之为感性动物，这是人和动物的一个很明显的不同。其实动物也是有感情的，我们之所以讲人和动物不同，原因之一是人类的感情较之动物要复杂得多。

情绪是可控的，如果不然，我们就不用花那么多的心思去了解微表情的知识。只要人的情绪体现的是内心真实的感受，那么这个问题就很好解决，只要好好看看，感受一下这个情绪是什么样，就能知道他在想什么。不过这也只能想想而已。

人是有感情、有情绪的，人的大脑更是积极能动的，人的能动性也是所有动物里最好的。

所以当一个人慢慢成长起来，就开始将自己的内心情绪隐藏，或者是干脆用另外一种截然相反的情绪、感情来表示自己的想法，目的就是为了保护自己。如果单单从这个情绪本身出发来破解这时的内在心理，自然得不到正确的解答。对于解读一个人的性格和心理而言，这种伪装无疑增加了难度，但对于在社会的交往过程中而言，伪装也好，隐藏也罢，都是对社会的一种妥协，也是一种自我生存能力的提升。

从这个角度来讲，它是有积极意义的。年轻人如果在控制自己情绪方面做得不是很完美，还有能说过去的理由，如果多年后还是被自己的情绪控制，就会被别人当成是另类，或者是认为性格有缺陷。尤其需要说明的一点就是发怒、暴怒。这种状态是情绪失控的一种表现，人完全站在不理智的状态下将自己最真实，或者是最粗野的一面暴露无遗，不单单是给人留下不成熟、缺乏教养的印象，同时也等于是给别人留下了自己的短板。

从发怒本身来讲，它一般要经过几个过程。第一个阶段就是被激怒。可能是一句话，或者是一个行为，或者是一个眼神，一种态度，这些行为或话语在别人那里可能不会达到发怒，或者是怒火很大的地步，但他就忍不住。此时情不自禁地破口大骂，或者是言辞犀利，或者是肢体冲突都有可能。这个时候别人的劝告基本上是没有任何作用的。

因为这个时候他就往一个地方想，脑子里的思路就在一个方向上，一条道跑到黑，不到黄河心不死，可能到了黄河也不一定死心。往死了钻牛角尖，别人的劝解他都认为是替对方打掩护，在为他辩解。这时候可能矛头不单单是针对之前的那个"对方"，谁搅和进来，他都有可能和谁干起来。

第二个阶段开始变身，成为"祥林嫂"，逢人就说，诉苦也好，咒骂也罢，就是不停地讲。听来听去，核心思想只有一个，他受了委屈，别人没有一点道理，理全在他这边。不管是家里人，还是亲戚、朋友，逮到谁是谁，只要能讲就好，就是为了发泄。在诉说的过程中，别人不可能像他一样没有理智，所以在听他讲的同时，也会用比较客观的态度和他分析事情的来龙去脉，然后说明如果碰到类似的情况应该怎么处理，不能如此大动肝火，对解决事情没有好处，很有可能还丑化了自己的形象。但是他还是听不进去。虽然别人和他讲的时候可能提到了一些具体的实例，但是他心里坚持认为自己的情况和别人所讲的不一样，他是特殊的。

第三个阶段，这时候他开始反思了。不是因为自己的觉悟到了，而是前一个阶段自己和别人聊到这个问题的时候，他们的说法总是不能和自己的一致，这就是问题所在。难道是自己真的错了？错在哪儿了呢？人只要开始反思，开始理智，客观地面对事情，面对问题，很多道理根本就用不到别人来教导，就明白了，毕竟生活中的事情复杂的并不多。一反思发现自己原来很可笑，很荒唐，怎么能感触这样的事情呢？简直不可思议。

第四个阶段，这是悔恨阶段。因为一开始自己就有问题，只是当时没有正确面对而已，不但对不起当事人，而且把自己的朋友、亲人都得罪了，以后该怎么见人呢？还不如找个地缝钻进去得了。

第五个阶段，这时候就开始总结了经验教训。不是所有的人，知道自己之前的行为过于幼稚，不可理喻，错误基本在自己一方，后面就不能再犯类似的错误等。其实这个阶段总结得虽然很好，但如果下次再碰到类似的情况，十有八九他会再次动怒，原因是没有接受过更多的来自外界的教训。只有有一天，他吃了亏，这个问题才会慢慢地改正。

对于那些暴跳如雷的朋友，对于微表情的分析都是多余的了，在发怒的时候，其实别人已经完全控制了局面，因为别人是理智的，他不是。他成为了情绪的奴隶。从这个角度讲，他吃亏了。

冷静化解对方的敌意

1982年秋天，在美国洛杉矶召开的中美作家会议上，美国诗人艾伦·金斯伯格对中国作家蒋子龙说："作家先生，请您猜个题，怎么样？"蒋子龙微笑着点点头。

不料，艾伦·金斯伯格又说："我这个题可是问了20年，一直没有人能答得了的！"继而他的脸上显现出一副得意的样子。

蒋子龙不甘示弱地对他说："我从3岁开始就猜题，还没有我答不出的题。"

"那好，题目是这样的：把一只2.5公斤的鸡放进一个只能装0.5公斤水的瓶子时，您用什么办法把它拿出来？"

蒋子龙略加思索，沉着冷静地说："您怎么放进去，我就怎么拿出来。您既然是凭嘴一说就把鸡装进去了，那么我就用语言这个工具再把鸡拿出来。"

艾伦·金斯伯格无言以对。过了一会儿，他竖起大拇指说："您是第一个答对这个题的人。"

蒋子龙则根据对方的思路，沉着机智地用语言这个工具再把鸡拿出来，成为第一个答对这个题的人。这不能不说得益于他的冷静与智慧。

当你面对别人故意刁难和挑战时，你身处的局面难免会很尴尬，进退两难。在这个时候，有一个好的办法，那就是"以彼之道，还施彼身"。首先不要发怒，要冷静地面对责难，然后迅速地找到对方的思考逻辑，并且用同样的方式请对方予以解释，使对方知难而退，从而化解难题。

阿基诺夫人竞选菲律宾总统时，深得选民们的信赖。竞选对手马科斯不服，在媒体上讥讽阿基诺夫人缺乏经验，说："最合适女人的场所是厨房。"

阿基诺夫人听说后，沉稳地反击道："我承认我的确没有经验，我没有马科斯那种欺骗、说谎、盗窃或暗杀政敌的经验。我不是独裁者，不会撒谎，不会舞弊。我虽然没有经验，但我有的是参政的诚意。选民们需要的就是一个和马科斯完全不同的领袖。"

阿基诺夫人面对马科斯充满敌意的丑化与嘲笑并没有直接进行反驳，而是先承认自己的弱势，承认自己缺乏经验，接着又指出，马科斯具有经验，具有欺骗、说谎等的经验，这样，马科斯的攻击顿显苍白。

与人交涉的过程中，总是无法避免遭遇到对自己充满敌意的人，也许是因为一些莫须有的传闻，也许是因为情感、经济等利益的冲突，也许是因为对问题的主观看法和立场不同。如果对方的敌意只是沉默的，倒还好一些；可是，如果对方的敌意以责难、污辱甚至人身攻击的方式爆发出来，我们该如何应对呢？这时，逃避当然是懦夫的行为，我们不能容忍自己的形象和尊严被人破坏。但是，面对面地与其争吵、甚至谩骂，只会使彼此的矛盾升级，造成无法收拾的后果。

在人与人的交往中，并不是每个人都会对你和颜悦色、欣赏有加。有很多人很喜欢刁难别人，喜欢挑战你忍耐的极限。在面对这样的人的时候，你是选择大发雷霆、强硬对抗，还是冷静地面对、巧妙地处理呢？

英国首相威尔逊在一次群众大会上做演讲时，反对者在下面大喊。其中，有一人大喊"垃圾"，对威尔逊进行人身攻击。为了不使一场严肃的演讲变成可笑的争吵，威尔逊用平静的口气说道："先生，您关心的问题，我们一会儿再讨论。"

威尔逊幽默巧妙地使用了"代换法"来对付人身攻击。别人说威尔逊是"垃圾"，威尔逊就把"垃圾"代换成对方"特别感兴趣的问题"。如此巧妙地反戈一击，自然会令那位自作聪明者成为众人讥笑的对象。

面对敌意，不急于逞一时口舌之快，而是理智地采取暗示、幽默反讽、侧面提示等方法，把极具威胁的敌意化于无形，你刚我柔，把万钧压力消弭于无形中。

在与人交涉时，运用以下的几种方法就能化解敌意，甚至能化敌为友，进而使我们在社交中建立更好的关系。

1. 用幽默来转化

在与人交涉的过程中，充满敌意的一方，为了污蔑对方，常常赋予对方丑化的形象。此时，不费吹灰之力的办法就是，用幽默的形式将丑化的形象代换给对方。

2. 从侧面提示对方

不直接劝解对方放弃敌对态度，而通过与正题不相干的话题委婉地暗示对方，使其意识到自己的敌对态度并不利于事情的解决，从而能收到直接劝解所起不到的效果。

3. 以退为进

以退为进，先承认自己在某一方面的劣势，然后再反唇相讥，揭露对方所谓优势的不正当性，从而反衬出自己的劣势才是真正的优势。

4. 争取得到多数人的支持

在人数众多的交际场合,应把握大多数人的心理特征,争取得到他们的理解与支持,使少数敌对者处于孤立的地位,这样一来,他们就不敢放肆了。

不要担心别人的反驳

在某年的牛津大学博士生面试中,一个学生和教授发生了激烈的争执,因为教授对他的研究设计产生了很大的质疑。

教授大声地说:"你的研究设计里面有十处很明显的错误,根本就不是一个合格的研究计划!"

学生也不甘示弱地大声反驳道:"这只能表示我的研究计划不够完善和成熟,并不能说明我的研究计划不合格啊!而且,如果您能接受我成为您的学生,我有信心一定会把这个计划做得尽善尽美。"

教授很生气地说:"难道你要我指导一个反对我观点的学生吗?"

学生说:"坦白说,教授,我就是这么想的。"

面试结束后,学生心想:"这下牛津大学肯定不会接受我了。"

于是,他灰心丧气地坐在门外等候最后的通知。没有想到，在公布录取名单的时候，竟然有他的名字。

名单宣布完，教授对学生说："孩子，虽然你顶撞了我一个多小时，但是我还是决定录取你。我要你在我的指导下反对我的理论。这样一来，如果事实证明你是错的，我会很高兴。如果事实证明你是对的，那么我会更高兴。"

世界上没有两片完全相同的叶子，我们每个人都有自己的想法和意见，但是并不是每一个人都敢表达自己的想法。

要是连自己的想法都不敢大胆地说出来，那么我们怎么能和别人去交流思想？如何创造机会进入成功的殿堂呢？

想要让别人充分了解自己的想法，首先要勇敢表达自己的意见，就像这个学生一样。不要担心别人的反驳和质疑，因为只有反驳和质疑才会让原来想法中的瑕疵都消失，成功才会离你越来越近。

汉代文学家班固的《两都赋》、张衡的《两京赋》就是精品，而西晋文学家左思的《三都赋》更是造成了"洛阳纸贵"的局面。

其实，左思并不是什么天才，《三都赋》的成名也不是一开始就被人看好的。他貌丑口讷，但自小爱好文赋。他常常诵读班固的《两都赋》和张衡的《两京赋》。在诵读中，他感到这两部作品虽然文字典雅、气魄宏大，但藻饰过甚、夸张失实，所以就想写《三都赋》。谁知消息传出以后，却遭到了别人的讥笑。

当时闻名遐迩的文学家陆机在写给其弟陆云的信中说："这里有个粗鄙之人，居然想作《三都赋》，等他写好了，拿来盖酒坛子吧！"

陆机的讥笑，对充满信心的左思来说无疑是沉重的一击，毕竟他是初出茅庐的毛头小子，而陆机是德高望重的著名人士。

面对别人的否定，左思没有退缩。他专门拜访专家，又到蜀都、吴都、魏都去实地调查，继续在家里挂满纸笔，以备有灵感来时随时写下，为此他耗费了近十年的心血。最终，流传千古的《三都赋》大功告成了。

有时候，自己的某一方面会得不到别人的肯定与认可，那么对方就会用言辞对你加以否定，无疑你的自信心将会大受打击。你还会因此有意避免与否定你的人打交道。生活中，这样的情形并不少见。

在与人交涉的过程中，当你遭遇他人的否定时，可以尝试以下方法。

1. 重新审视一下自我

别人对你的否定，我们要引起重视，因为别人的否定肯定是有原因的。我们要重新审视一下自我，清醒、正确地认识自我。

2. 让他人重新审视你

每个人都有看走眼的时候,而且在看走眼时往往还很自负。所以,如果你认定自己是正确的,就应该用诚心和智慧让对方重新审视你,给你一个全新的评价。

3. 认清他人的"否定"

每个人都有判断失误的时候。所以,要认清他人的"否定":一是看看别人的"否定"是否是平庸之见。二是不要迷信权威的评判。有些人不相信小人物中有能人;有些人缺乏识人的慧眼;有些人品德并不高尚。所以,当别人否定你时,不必妄自菲薄,认清形势、认清自我是最重要的。

4. 激起斗志,发奋图强

权威的否定会对你形成打击,但你不要就此消沉,把他人对你的否定化为一种动力,积极向上,相信必有所成。

生气时，要控制住嘴巴

某个政党有位刚刚崭露头角的候选人，被人引荐到一位资深的政界要人那里，希望这位政界要人能告诉他一些在政治上取得成功的经验，以及如何获得选票。

正式谈话前，这位政界要人提出一个条件："你每次打断我说话，就得付5美元。"

候选人说："好的，没问题。"

"第一条是，对你听到的对自己诋毁或者污蔑的话，一定不要感到愤慨。随时都要注意这一点。"

"我能做到。不管人们说我什么，我都不会生气。我对别人的话毫不在意。"

"很好，这就是我第一条经验。但是，坦白地说，我是不愿意你这样一个不道德的流氓当选的……"

"先生，你怎么能……"

"请付5美元。"

"啊！这只是一个教训，对不对？"

"是的，这是一个教训。但是，实际上也是我的看法……"

"你怎么能这么说……"

"请付5美元。"

"啊！"他气急败坏地说，"这又是一个教训。你的10美元赚得也太容易了。"

"没错，10美元。你是否先付清钱，然后我们再继续？因为，谁都知道，你有不讲信用的赖账的'美名'……"

"你这个可恶的家伙！"

"请付5美元。"

"啊！又一个教训。我最好试着控制自己的脾气。"

"好，我收回前面的话。当然，我的意思并不是这样。我认为你是一个值得尊敬的人物，因为考虑到你低贱的家庭出身，又有那样一个声名狼藉的父亲……"

"你才是个声名狼藉的恶棍！"

"请付5美元。"

这是这个年轻人学会自我克制的第一课，他为此付出了高昂的学费。

最后，那个政界要人说："现在，就不是5美元的问题了。你要记住，你每一次发火或者你为自己所受的侮辱而生气时，至少会因此而失去一张选票。对你来说，选票可比银行的钞票值钱得多。"

伴随生气而来的恶言恶语有可能对别人造成更大的伤害。

你一时不经大脑，脱口而出的话语，有可能伤害别人一辈子。当我们情绪不佳的时候很容易说出伤人的话，这个时候我们要及时弥补自己犯下的错误，向被你伤害的人以你认为最好的方式说声"对不起"。

一位年轻人在年迈的富人家里担任钟点工，每天除了清洁的工作，还有半个小时的"陪读"任务。

一天，这位年轻人不小心把花瓶与笔筒的位置放反了。这原本不是什么大事，年老的富人却大发雷霆，指着年轻人的鼻子大骂笨蛋。

年轻人一言不发地忍耐着，因为他相当同情这位老人，除了骂人的舌头外，他已别无利器。

在将近十分钟的咒骂后，老人好不容易平息下来，要求年轻人读一段故事给他听。

年轻人翻着书，找到一个相当吸引人的章节，上面写着："所罗门群岛上的一些原住民，每当树木长得过大，连斧头都砍不了时，他们就会对着树木集体叫喊，直到树木倒下为止。喊叫扼杀了树木的生命，比任何刀棍还具有杀伤力；正如那些尖酸、刻薄、粗鲁的言语，往往会刺伤人的内心。"

年迈富有但性格怪僻的老人听了这个故事,沉默许久。当年轻人把咖啡送到他面前,准备为他加糖时,老人抬起头来,脸上出现难得的慈祥笑容,亲切地说:"不用加糖了,你的故事已经为我加了糖!"

盛怒之下,血压不知道要升高几许,总之是不利于健康的。

为别人所犯下错误生气,你无疑是在拿别人的错误来惩罚自己,想一想,这是多么划不来。为突来的情绪生气,你对别人发了一次无名火,想一想,这对别人来说,又是多么地不公平。

如果不能控制自己的脾气,那么至少要懂得控制自己的嘴巴。生气时,请不要随便开口。

你常生气吗?如果生气是你的常客,建议你来一场"与怒气的心灵对话",彻底赶走怒气。经常生气就像不断的小感冒,严重影响工作和生活。

遇事不能太计较

有位顾客总是抱怨他家附近超市的女服务员整天沉着脸，谁见她都觉得好像自己欠她二百块钱似的。

后来，他的妻子打听到这位女服务员的真实情况。原来她的丈夫有外遇，整天不着家，上有老母瘫痪在床，下有七八岁的女儿患有先天的哮喘病，自己也下岗了，每月只有两三百元的下岗工资。一家三口住在一间12平方米的小屋里，难怪她整天愁眉不展。

了解情况后，这位顾客再也不计较她的态度了，而是想办法去帮助她。

在公共场所，遇到了一些不顺心的事，也用不着大动肝火，其实也不值得去生气。素不相识的人不小心冒犯了你可能是有原因的，也许是各种各样的烦心事搅在一起了，致使他心情烦躁，甚至行为失控，偏巧又叫你给撞上了。

只要对方不是做出有辱人格或违法的事情，你就大可不必去跟他计较，宽大为怀。假如跟别人较起真来，刀对刀、枪对枪地干起来，再弄出什么严重的事情来，可真是太不值了。跟萍水相逢的人较真，实在不是明智之举；跟见识浅的人较真，无疑是降低自己做人的层次。

跟别人相处的时候，我们要记住，和我们来往的不是度量不凡的超人，更不是修炼到家的圣人。做错事的人只会责怪别人，而不会责怪自己，我们都是如此。这不是度量的问题，而是人性的问题。和我们来往的都是感情丰富的常人。

当我们想批评别人的时候，我们要明白，哪怕我们费尽口舌，他的想法仍然是："我看不出我怎样做，才能跟我以前所做的有所不同。"无论他是否辩解，他都不会真正接受我们的批评。所以，当我们产生批评别人的冲动时，有必要三思再三思，让自己的情绪紧急刹车。

在一家工程公司，有一位安全协调员。他的职责之一是监督现场员工戴上安全帽。开始，他碰到没有戴安全帽的人，就批评他们不遵守公司的规定。员工虽然接受了他的纠正，却满肚子不高兴，常常在他离开以后，又把安全帽拿下来。

后来，他决定采取另一种方式。他发现有人不戴安全帽，就问他们："是不是安全帽戴起来不舒服？或者有什么不适合的地方？"然后，他以令人愉快的声调提醒他们："戴安全帽的目的是保护你们不受到伤害，建议你们工作的时候一定要戴安全帽。"结果，遵守规定戴安全帽的人愈来愈多，再也没有故意对抗制度的行为。

我们用批评的方式，并不能够使别人产生永久的改变，反而常常会引起愤恨。批评所引起的愤恨，常常会淡化员工、家人以及朋友的情感，而所指责的状况仍然没有获得改善。

当我们自己有可能犯错时，也要容许别人犯错。虽然我们不犯别人那个错误，但我们会犯自己这个错误。这其实是一回事。

当我们犯错时，同样不能接受别人的批评。

当我们有了容许别人犯错的意识时，会发现心境忽然变得开阔起来，人际关系也变得和谐起来。

日本"经营之神"松下幸之助在管理员工时，对小的失误会及时提醒；对大的失误反而不置一词。这是为什么呢？对小的失误不放在心上，将来可能铸成大错；对大的失误，当事者必然已经意识到自己的错误，并为自己的愚蠢懊悔自责。这时再去指责他，已显得多余。

有一次，著名试飞员鲍勃在驾机返回基地时，在空中100米的高度，引擎突然熄火。幸亏他技术娴熟，操纵飞机使其强行着陆成功，飞机虽然严重损坏，但人安然无恙。

经检查，事故的原因是，这架螺旋式飞机居然装的是喷气机燃料。这显然是负责这架飞机保养的机械师的过错。

回到机场后,他要求见见这位机械师。那位年轻的机械师为所犯的错误极为难过,正泪流满面地等待鲍勃暴风骤雨般的痛责。

但鲍勃并没有一句责怪之词,却用手臂抱住那位机械师的肩膀,温和地说:"不要太难过!这种事谁也不希望发生,但它有时的确免不了会发生。为了证明你不会再犯错误,我要你继续为我的飞机进行保养。"

在任何时候,我们都有必要记住,批评的目的是为了对事情有所改善,而不是为了发泄情绪。如果我们不能确定批评能改善什么,就不要批评;如果我们确定不使用批评,事情也会得到改善,就不要批评。

做人不能一点都不在乎,游戏人生,玩世不恭;但也不能太较真,认死理。太认真了,那样,就会对什么都看不惯,连一个朋友也容不下,就会把自己封闭和孤立起来,失去了与外界的沟通和交往。

桌面很平,但在高倍放大镜下就是凸凹不平的;居住的房间看起来干净卫生,当阳光射进来时,就会看到许多粉尘弥漫在空气当中。如果用这种方式去看别人,世上也就没有美,人人都是一身的毛病,甚至都是十恶不赦的大坏蛋了。

人活在世上难免要与别人打交道,对待别人的过失、缺陷,宽容大度一些,不要吹毛求疵、求全责备,可以求大同存小异，甚至可以糊涂一些。如果一味地要"明察秋毫"，眼睛里揉不得沙子，过分挑剔，连一些鸡毛蒜皮的小事也要去论个是非曲直，整个输赢来，别人就会日渐疏远你。

古今中外，凡能成就一番大事业者，无不具有海纳百川的雅量，容别人所不能容，忍别人所不能忍。他们豁达而不拘小节，善于从大处着眼；从长计议而不目光短浅，从不斤斤计较，拘泥于琐碎的小事。

在家里更不要较真，否则真是愚不可及了。家是用来讲爱的地方，不是用来讲理的地方。要大事化小，小事化了，当一个笑口常开的和事佬。有位智者说，大街上有人骂他，他连头也懒得回。他根本不想知道骂他的人是谁，因为人生短暂而宝贵，还有更重要的事情需要去做，何必为这种令人不快的事情去浪费时间呢？

对某些事情不必太较真，可以"敷衍了事"，目的在于有更多的时间和精力去做我们认为值得干的一些重要事情，这样我们成功的希望就多一些，朋友的圈子就能扩大一些。

和人抬杠，输赢都会吃亏

一天晚上，马克去参加了一次宴会。宴席中，坐在马克右边的一位先生讲了一个幽默的笑话，并引用了一句话。

那位先生说这句话出自《圣经》。马克知道他错了，应该是出自莎士比亚的作品，就很讨嫌地纠正他。那位先生立刻反唇相讥。

马克的老朋友查尔斯坐在那位先生的右手边。查尔斯研究莎士比亚的著作已经多年了。于是，他们俩都同意向查尔斯请教。查尔斯听了后踢了马克一下，然后说："马克，这位先生没说错，《圣经》里有这句话。"

那晚回家的路上，马克对查尔斯说："你明明知道那句话出自莎士比亚的作品里。"

"是的，当然，"查尔斯回答，"可是亲爱的马克，我们是宴会上的客人，为什么要证明他错了？那样会使他喜欢你吗？为什么不给他留点面子？他也并没有问你的意见啊？为什么要跟他抬杠？应该永远避免跟人家正面冲突。"

一般情况下，抬杠的结果会使双方比以前更相信自己的观点是绝对正确的，但是你永远也赢不了争论。要是输了，当然你就输了；即使赢了，实际上你还是输了，因为你伤了对方的自尊，对方会对你产生怨恨之情。

无谓的争论除了会破坏大家的感情外，毫无意义。带有偏执的、明显攻击性的争吵，就像恶魔一样，吞噬着人们之间的友情。辩论双方因固执地坚持自己的观点而争吵得面红耳赤、难分胜负，往往为芝麻大的事钻牛角尖，结果两败俱伤。

本杰明·富兰克林说："如果你老是抬杠、反驳，也许偶尔能获胜，但那只是空洞的胜利，因为你永远得不到对方的好感。"

你自己要衡量一下，是宁愿要一种表面上的胜利，还是要别人对你有好感。你可能有理，但要想在争论中改变别人的主意，一切都是徒劳。只能靠宽容以及用同情的眼光，你才可能达到改变别人观点的目的。

小胡是个出了名的"杠爷"。不管别人说什么，他都会跟别人抬杠。你说东他偏说西，你说这个事情应该这样，他却总能找到理由反驳你，有时候甚至无理也能辩三分，让人很下不来台。时间久了，大家都怕了他，讨论问题都怕被他听到,不然又惹火上身,争得脸红脖子粗的,彼此都不愉快。

爱抬杠的人一般表现为不给别人发言的机会,并经常对别人说的话发表不同意见,其实这是一种自恋和逆反心理的表现。

有自恋心理的人特别在乎自己的感觉,不会换位思考,更不会替他人着想。自己往往喜欢扮演一种救世主的姿态,觉得什么事都应该自己说了算,别人都应该听他的。有逆反心理的人往往由一种未完成的情绪所致,以往没有得到表述,没有得到尊重的机会,希望能在后天中寻求补偿。

想要表现自己的与众不同,赢得他人的尊重和重视,你可以采用其他的办法。爱抬杠只会破坏你在别人心目中的形象。

切记,不要跟人抬杠。你的看法也许很正确,但不能因此就认为别人的看法不正确。坚持自己的意见与容纳别人的意见不是矛盾的。

有个人曾对相熟的朋友说,他不会和同学中的某个同学再合作了。

朋友很惊讶,就问他:"你们是同学,生意上又可以互惠互利,为什么呢?"

那个人说:"这么多年了,我那个同学还是一点长进都没有。我听着他嚼口香糖的声音就想吐,还有我拉他去跟人家谈判，出来后我真为有这样的同学而丢人。他的形体语言太夸张了，总是喜欢跟别人唱反调，一直到双方都十分尴尬才住嘴，对方觉得我们跟人家不在一个层次上，怎么做生意啊？"

其实，那位同学人不错，也有不少优点，但修养、喜欢跟人唱反调等问题竟然给他带来如此大的负面影响，真是出人意料。

我们和人抬杠、反驳，有时或许会取得胜利，但这种胜利是最为空洞的。我们要关注于自我修养的提升，这对于我们今后的人生或者发展都会获益良多。

和人抬杠，你输了，你会丢了面子，当然会吃亏；你赢了，会使对方丢了面子，让对方对你怀恨在心，自然也是一种吃亏。所以，无论何时，避免和人抬杠才是明智的选择。

玩笑开大了也会伤感情

愚人节的前一天,广州的蒋先生接到一个外地朋友的电话,说第二天要来广州,详细告诉了蒋先生是几点的航班,请蒋先生到机场去接,并帮他预订酒店。这是关系很不错的朋友,蒋先生尽管工作很忙,还是满口答应了。

第二天,蒋先生先帮这个朋友订好了酒店,又开车赶到机场去接,但苦等五个多小时也没见到那个朋友,却只收到那个朋友发来的短信,说:"今天是愚人节,跟你开个玩笑。"

蒋先生很生气,认为那个朋友的玩笑开得太过分了。自此,蒋先生对那个朋友失去了信任,与他的关系也就疏远了。

一般情况下,开玩笑往往把聚在一起的某人做对象,利用他的缺失,制造一个笑话;或利用他平常的言行,制造一个笑话。但是,取笑也要有个分寸,在分寸以内,大家欢乐;超过了分寸,便要搞得不欢而散了。

笑话的内容，要针对听笑话的人。对有地位、有学问的人说粗俗的笑话，会显出你的鄙陋；对普通人说高雅的笑话，他们无法领会，不会觉得好笑。

在日常聊天中，开个得体的玩笑，可以松弛神经，联络感情，活跃气氛。不过，开玩笑也要讲究分寸，如果玩笑开得不好，不仅达不到聊天的目的，还可能适得其反，伤害彼此的感情。

开玩笑需要讲究分寸，也同样适用于职场当中。比如，当以前的同学或朋友，成为自己的上司时，不要自恃过去的交情就与上司随便开玩笑，特别是在别人在场的情况下，更应该格外注意。上司永远是上司，最好不要期望在工作岗位上能成为朋友。另外，也不要总是开玩笑。因为这样时间久了，在同事面前就显得不够庄重，得不到同事的尊重；在领导面前，会显得不够成熟，不够踏实。领导很难信任你，不能对你委以重任。

不要在言语和行为上得罪人

宋华是一家公司的管理人员。在公司遭遇退货、濒临倒闭，公司高层们急得团团转而又束手无策时，宋华站了出来，提供了一份调查报告，找出了问题的症结。此举解决了公司的难题，还使公司赚了几百万元。

因工作出色，深受老总的重视，宋华成为全公司的一颗明星。凭着自己的智慧和胆略，他又为公司的产品打开国内市场立下了汗马功劳。他两年内为公司赚得几千万利润，成为公司举足轻重的风云人物。

踌躇满志的宋华，以为销售部经理一职非自己莫属。然而，他却没有被升职。他不明白公司为什么会这样对待自己。后来，一个同情他的朋友破解了他的迷惑。

有一次，他出去为公司办理业务，需要汇款，在紧要关头却迟迟不见公司的汇票，使得业务"泡汤"，令他很难堪。实际上是一个出纳员给他穿了一次小鞋，因为他平时对这个出纳不冷不热，根本没有把她放在眼里。

还有一次，他在外办事，需要公司派人来协助，却不料，人在路上就被叫回去了，原来是一些资格较老的人觉得他很"狂妄""目中无人"，在工作上从不与他们交流，所以想尽办法拖他的后腿，让他的工作无法展开。

不要轻易得罪人，因为社会是由不同的人组成的。人活在世上，每天都和不同的人打交道，不论是在生活上，还是在其他事业上，都和别人互动。"得罪人"是一种不良行为。

轻易得罪一个同行，就为自己堵住了一条去路。或许你会认为，世界之大，得罪一个同行又何妨？其实，这种看法是错误的。同行有同行的圈子，有同行的朋友。如果处理得不好，你就会在行业内失去信誉。

如果得罪了一个君子，最多大家就是各走各的路，互不相干了。但是，如果你得罪小人，那麻烦就大了，他平时不会对你怎么样，到了关键时刻他就出手了，很多时候会使你下不了台。

人们大都愿意与自己喜欢的人在一起，希望和与自己志同道合的人交朋友，喜欢和那些容易相处的人交往。可是生活中，并非所有人都是我们喜欢的人，也并非都与我们志同道合，还有很多人是我们不喜欢的，至少和我们没有什么共同的话题。对于这些人，我们根本不愿意和他们交往，但是，在很多情况下，我们又不得不经常和他们打交道，这时候，很多人都会陷入交际的盲区，不知道该如何去和那些自己不喜欢的人交往。

如果你涉世未深，每当遇到这种情况，往往会表现得过于爱憎分明，不会很好地掩饰自己的情绪，把喜怒哀乐全都写在脸上，甚至对不喜欢的人做出不够友好的举动，或者说出比较过分的话语，从而得罪了对方。

这样一来，你是得到了一时的痛快，但是，无形中却为自己设置了一个大大的障碍。可以想象，对方平白无故地遭受你的白眼和奚落，他心里怎能没想法？恐怕早已对你恨得牙痒痒，暗暗对自己说："别让我逮到机会，到时我让你好看。"等到有一天，你真的被他逮到了机会，他怎能轻易罢休。

所以说，即使是自己不喜欢的人，也不要轻易得罪。因为得罪别人对于你来说有百害而无一利，你是在搬起石头砸自己的脚。

不要轻易得罪小人物。说不定有一天，你心目中的"小人物"会在某个关键时刻成为影响你的前程和命运的"大人物"。

在某家公司，行政部和财务部两个部门的经理都是大学毕业，年龄、经历相仿，都非常有才华。

在日常工作中，行政部经理对下属分寸得当。在业务上，行政部经理严格要求，从不放松；但下属偶尔出了什么差错，他却总能为下属着想，主动承担责任。每次出差回来，他总是不忘带点小礼物、小玩意，给每一个下属。因此，他很得人心。

财务部经理虽然工作成绩不凡，但在对下属的管理中，却严厉有余，温情不足，有时甚至很不通情达理，缺少人情味。有一次，一位下属因母亲生病，上班迟到了。虽然这位下属平时工作勤恳、兢兢业业，从不误事，但这位经理还是对其进行了严厉的通报批评，并处以相当数量的罚款。这使他大失人心，下属怨声载道。

在生活和工作中，不要轻易得罪别人，因为得罪别人是件很危险的事情，得罪人是在给自己树敌。对立面太大无异于自毁前程，特别是不能得罪小人。

在日常生活中，谁都不愿意和小人打交道。可是，不管你愿意或不愿意，又总不可避免地要与小人打交道。与这样的人打交道时，务必多留几个心眼。即使你比他强大，也不要与其发生正面冲突。

如果一不小心得罪了那些小人，他们可能会处心积虑地对付你，破坏你的正事，分散你的精力，用各种手段把你打倒，你的理想、事业和一切努力可能因此付诸东流。但是，在与人交往的过程中，你总得面对小人的"张牙舞爪"，这时，最好的办法是满脸笑容，不必过分计较。

一味争高下得不偿失

伟大的艺术家米开朗基罗来到佛罗伦萨后,要用一块别人认为已经无法使用的石头进行雕刻。

工作进行了几天后,索德里尼进入了工作室。索德里尼自以为是行家,在仔细地"品鉴"了这项作品后,站在这座大雕像的正下方说:"米开朗基罗,你的这个作品很了不起,但它还是有一点缺陷,就是鼻子太大了。"

米开朗基罗知道索德里尼的观视角度不正确。但是,他没有争辩,只是让索德里尼随他爬上支架,在雕像鼻子的部位开始轻轻敲打,让手上的石屑一点一点掉下去。表面上看起来他是在修饰,但事实上他根本没有改动鼻子的任何地方。经过几分钟后,他说:"现在怎么样?"

索德里尼回答:"现在才是最完美了。"

索德里尼是米开朗基罗的赞助人。米开朗基罗冒犯他没有任何意义,但如果改变鼻子的形状,很可能就毁了这件艺术品。对此，他的解决办法是让索德里尼调整自己的视野，让他靠鼻子更近一点，而不是让他意识到自己的错误。

米开朗基罗找到一种方法，原封不动地保住了雕像的完美，同时，又让索德里尼相信是自己使雕像更趋完美的。

与人交谈时，有的人会把彼此的沟通看成是一种竞赛。如果观点不一样，在他看来，一定要分出个高下。如果一个人常在他人的话里寻找漏洞，常为某些细节争论不休，或常纠正他人的错误，借此向人炫耀自己的知识渊博、伶牙俐齿，那么他一定会给人留下深刻的印象，不过那是不好的印象。

为了与他人有更好的沟通，这种竞赛式的谈话方式必须被舍弃。当你采用一种随性、不具侵略性的谈话方式时，别人就比较容易听进去，而不会产生排斥感。

只有沟通，对方才能知情，双方才能信息对称，进而达到认识一致，目标同一，同心同德。在沟通中获得理解，在理解中形成共识，在共识的基础上实现统一，沟通才能收到事半功倍的效果。

当和别人的立意或观点有冲突时，若是立刻反问，就等于完全不接纳对方；若与对方进一步讨论，实质上还是在挑战对方的建议，但对方的感受却会好很多。

如果沟通时不得不对对方的立场提出质疑时，在提出问题之前一定要至少稍微解释一下，你为什么提出这样的问题。

这样可使你的问题的尖锐性降到最低。

每个人的生活习惯有所不同，因为我们的家庭环境以及成长过程不尽相同。不要勉强别人来认同自己的习惯，同时，也要有体谅和宽容别人的习惯。

尽量不与人争辩，巧妙地把事情做得妥帖，这才是高手。双方争得面红耳赤时，即使你胜利了，又有何益？

避免与人争高下，巧妙地把事情处理好，你才会赢得更好的人缘，这是与人沟通的技巧。

不要随便打断别人的谈话

一个老板正与客户谈生意，谈得差不多的时候，老板的一位朋友来了。

这位朋友不顾人家正在谈重要的事，就随便插话说："我刚才在大街上看了一个热闹……"接着就说开了。

老板示意他不要说了，而他却仍然说得津津有味。客户见谈生意的话题被打乱了，就对老板说："你先跟你的朋友谈吧。我们改天再来吧。"客户说完就走了。

老板的这位朋友乱插话，搅了老板的一笔大生意，让老板很是恼火。

随便打断别人的谈话，是没有礼貌的表现。在日常生活中，有些人在别人阐述自己的观点时，总喜欢打断别人，谈论自己的看法。这样的人往往会让人厌烦，也常常在不经意之间就破坏了自己的人际关系。

在交谈中，有些人总是时不时地打断别人的谈话，经常插话。他们甚至认为这种插话是一种聪明的表现。其实,这样的观点是错误的。

在沟通中,只有让对方把话说完,才能了解对方的真正意图,获得更多的信息。随便插话,就不能专心领会别人说话的意思,还会使对方感到不受尊重。

诚如培根所说:"打断别人、乱插话的人,甚至比发言冗长者更令人生厌。"每个人都可能会情不自禁地想表达自己的愿望,但如果不去了解别人的感受,不分场合与时机,就去打断别人说话或抢接别人的话头,会扰乱别人的思路,使别人不能完整流畅地表达自己的想法,因而只会引起别人的反感,有时甚至会产生不必要的误会。

在交谈中,不应当随便打断别人的谈话,要尽量让对方把话说完再发表自己的看法。如有急事要打断说话,也要把握机会,先征得对方同意,用商量的口气说:"对不起,我提个问题可以吗?"或"我插句话好吗?"这样可避免对方产生误解。所插之言也不可冗长,一两句点到即可。假如已经打断,应确保原先的谈话不被忽略。

假设一个人正讲得兴致勃勃,听众也听得入迷,这时,你突然插嘴:"这是你在昨天看的事吧?"说话的那个人因为你打断他说话,绝对不会对你有好感。

那些不懂礼貌的人,总是在别人津津有味地谈着某件事情的时候，冷不防地半路杀进来，让别人猝不及防。这种人不会预先告诉你，说他要插话了。他插话时会不管你说的是什么，而将话题转移到自己感兴趣的方面去，有时是把你的结论代为说出，以此得意扬扬地炫耀自己的光彩。无论是哪种情况，都会让说话的人顿生厌恶之感。

在商务宴会上，你时常可以看到你的一个朋友和另外一个不认识的人聊得起劲。此时，你可能就会有加进去的想法。

你不知道他们的话题是什么，而你突然加入，可能会令他们觉得不自然，也许因此话题接不下去。更糟的是，也许他们正在进行着一项重大的谈判，却由于你的加入使他们无法再集中思想而无意中失去了这笔交易；或许他们正在热烈讨论，苦苦思索解决一个难题，正当这个关键时刻，也许就由于你的插话，会使他们有利的解决办法告吹，到后来场面气氛就会转为尴尬，而无法收拾。

当你与上司交谈时，更不能自以为是地随便打断他说话，否则，他肯定不会给你好脸色看。上司给你安排工作的时候，会做出各项说明，通常他们的话只是说明经过，或许结论并不是你想的那样。中途插嘴，除了让人家认为你很轻率之外，也表示你蔑视上司。

随便打断别人说话或中途插话是有失礼貌的行为，打断别人、乱插话的人往往会令人生厌。要想让别人喜欢你、接纳你，就必须根除随便打断别人说话的陋习。

如果对方与你说话的时间明显拖得过长，他的话不再吸引人，令人昏昏欲睡，甚至已经引起大家的厌恶，你就不得不中断对方的话了。这时，你也要考虑在哪一个段落中断为好，同时，也应照顾到对方的感受，避免给对方留下不愉快的印象。

虽然在别人讲话时说话是十分不礼貌的，但如果有必要表明你的意见，非要打断他的讲话，那么，你就必须十分注意自己的说话技巧。

当你要找交谈着的某个人处理事情时，可以先给他一些小的暗示，他一般会趁机和你说话。但要注意的是，你不要静悄悄地站在他的身旁，好像在偷听一样。你可以先向他们打个招呼："对不起，打断你们一下。"当他们停止交谈时，用尽可能简洁的语言说明来意，一旦事情处理完毕，立即离开现场。

如果你想加入他们的谈话，则可以找个适合的机会，礼貌地说："对不起，我可以加入你们的谈话吗？"或者，大方客气地打招呼，叫你的朋友互相介绍一下，就不会有生疏的感觉。

交谈过程中，如果你想补充另一方的谈话，或者联想到与谈话有关的情况，想即刻做点说明，可以对讲话者说"我插一句",或者说"请允许我补充一点"。然后,说出自己的意见。这样的插话不宜过多,以免扰乱对方的思路,但适当有一点儿,可以活跃谈话的气氛。

如果你不同意对方的看法,一般也不要打断他的谈话。但是,如果你们比较熟悉,或者问题特别重要,也可以先表示一下态度,待对方说完后再做详细阐述。但不管分歧有多大,决不能恶语伤人或出言不逊。